Biró
Englisch für die EU

Englisch
für die EU

Spezialwörterbuch für
Steuern, Verwaltung und Wirtschaft

von

Hans Biró

Wien 1997

Die Deutsche Bibliothek – CIP-Einheitsaufnahme

Biró, Hans:
Englisch für die EU : Spezialwörterbuch für Steuern, Verwaltung und Wirtschaft / Biró. – Wien : Orac, 1997
ISBN 3-7007-1150-6

ISBN 3-7007-1150-6

Verlag Orac, Wien

Alle Rechte, insbesondere das Recht der Vervielfältigung und Verbreitung sowie der Übersetzung, vorbehalten. Kein Teil des Werkes darf in irgendeiner Form (durch Fotokopie, Mikrofilm oder anderes Verfahren) ohne schriftliche Genehmigung des Verlags reproduziert oder unter Verwendung elektronischer Systeme gespeichert, verarbeitet, vervielfältigt oder verbreitet werden.

Alle in diesem Band aufgeführten Wörter, Wendungen, Übersetzungen und Fakten wurden sorgfältig recherchiert. Für ihre Richtigkeit kann jedoch keine Gewähr übernommen werden.

Hersteller: Druckerei Robitschek & Co. Ges.m.b.H., Wien

Vorwort

Die Vorgeschichte der Entstehung dieses Buches ist rasch erzählt. Seit dem Jahr 1994, als die Vorbereitungen Österreichs zum Beitritt in die Europäische Union in ihre entscheidende Phase traten, ist der Verfasser im Bundesministerium für Finanzen mit europäischen Aufgaben betraut. Die englische Sprache gehört dabei zum täglichen Brot. Das erforderliche Fachvokabular ist – sofern es sich überhaupt in Wörterbüchern findet – auf viele Werke verstreut. Der Verfasser hat daher frühzeitig damit begonnen, die in Dokumenten enthaltenen bzw. auf Konferenzen, Tagungen und Seminaren verwendeten englischen Fachausdrücke zu sammeln, um bei Bedarf auf sie zurückgreifen zu können. Der rasch gewachsene Umfang legte den Gedanken nahe, diese Sammlung als kleines Wörterbuch einem interessierten Benutzerkreis zugänglich zu machen.

Das vorliegende Wörterbuch ist eine Sammlung von Fachvokabeln, die in der Europäischen Union gegenwärtig verwendet werden. Es umfaßt das Steuerrecht mit einem besonderen Schwerpunkt Umsatzsteuer, die Sprache der Verwaltung – insbesondere der Europäischen Institutionen und der Betriebsprüfung – sowie allgemeine wirtschaftliche Begriffe. Wer in der Verwaltung, der Wirtschaft oder in den beratenden Berufen mit Europa zu tun hat und dafür die englische Sprache benötigt, kann hier die wesentlichen Begriffe finden.

Das Buch ist eine Folge der täglichen, praktischen Arbeit des Verfassers. Es ist daher ein Spiegel des momentanen Gebrauchs der englischen Sprache auf diesem Spezialgebiet, erhebt jedoch keinerlei Anspruch auf Vollständigkeit, dazu wäre wohl ein philologisches Team erforderlich gewesen. Praxisbezogenheit und Aktualität waren statt dessen die Ziele. Ob sie erreicht wurden, mag der Benutzer beurteilen.

Wien, im Mai 1997 *Der Verfasser*

Buchstabieralphabete

1. International civil aviation organisation phonetic alphabet

A – Alfa	H – Hotel	O – Oscar	V – Victor
B – Bravo	I – India	P – Papa	W – Whiskey
C – Charley	J – Juliet	Q – Quebec	X – X-ray
D – Delta	K – Kilo	R – Romeo	Y – Yankee
E – Echo	L – Lima	S – Sierra	Z – Zulu
F – Foxtrott	M – Mike	T – Tango	
G – Golf	N – November	U – Uniform	

2. British telephone alphabet

A – Alfred	H – Harry	O – Oliver	V – Victor
B – Benjamin	I – Isaac	P – Peter	W – William
C – Charles	J – Jack	Q – Queen	X – Yellow
D – David	K – King	R – Robert	Y – Yellow
E – Edward	L – London	S – Samuel	Z – Zebra
F – Fredrick	M – Mary	T – Tommy	
G – George	N – Nellie	U – Uncle	

3. The international spelling analogy

A – Amsterdam	H – Havana	O – Oslo	V – Valencia
B – Baltimore	I – Italy	P – Paris	W – Washington
C – Casablanca	J – Jerusalem	Q – Quebec	X – Xantippe
D – Denmark	K – Kilogram	R – Roma	Y – Yokohama
E – Edison	L – Liverpool	S – Santiago	Z – Zürich
F – Florida	M – Madagascar	T – Tripoli	
G – Gallipoli	N – New York	U – Upsala	

Englisch – Deutsch

A

abatement of tax	Steuernachlaß
(to) abet	anstiften
abuse	Mißbrauch
(to) abuse	mißbrauchen
accelerated allowance, accelerated depreciation	vorzeitige Abschreibung
acceleration (of an obligation)	vorzeitige Fälligkeit (einer Schuld)
access to buildings and sites	Zutritt zu Gebäuden und Grundstücken (Nachschau)
access to information	Zugriff auf Informationen
accession treaty	Beitrittsvertrag
accessory	Mittäter
accommodation	Unterbringung, Beherbergung; Überbrückungskredit
accommodation address	Briefkastenadresse, Geschäftsadresse, an der einer Vielzahl von Unternehmen Domizil gewährt wird (häufig zum VAT-Betrug mißbraucht, UK)
accomplice	Mittäter
account, to settle an . . .	eine Rechnung begleichen
accountant	Steuerberater
accountancy firm (UK)	Steuerberatungs- gesellschaft, -firma

accounting	Rechnungslegung
accounting, cash method of ...	Einnahmen-Ausgaben-Rechnung
accounting, historical cost ...	Anschaffungswertprinzip
accounting principles	Grundsätze ordnungsgemäßer Buchführung und Bilanzierung
accounting (system)	Buchhaltung, Buchführung
accounts receivable	Forderungen
accounts receivable, doubtful	zweifelhafte Forderungen
accrual, termination indemnity	Abfertigungsrücklage
(to) accrue	zufließen, erwachsen, auflaufen, anfallen
accrued	antizipativ (Bilanz)
accrued item	antizipativer Rechnungsabgrenzungsposten
achievement of objectives	Zielerreichung
ACOR = Advisory Committee on the Communities' Own Resources (DG XIX)	Beratender Ausschuß für die Eigenmittel der Gemeinschaft
acquisition of goods	Erwerb von Gütern
acquisition tax	Erwerbsteuer
(to) acquit	freisprechen
acquittal	Freispruch
acquittal on account of insufficiency of proof	Freispruch mangels an Beweisen
(to) act as public authorities	hoheitlich tätig werden

(to) act in one's own name but on behalf of another person	im eigenen Namen, aber auf fremde Rechnung tätig werden
action for damages, action to recover damages	Schadenersatzklage
active partner	geschäftsführender Gesellschafter einer Personengesellschaft
actual handing over of goods	tatsächliche Übergabe von Gegenständen
additions to reserves	Dotierung von Rücklagen
adjective law	Verfahrensrecht, formelles Recht
(to) adjust	berichtigen
adjustment	Berichtigung
adjustment of input tax	Vorsteuerberichtigung
administration	Verwaltung
administrative cooperation	(zwischenstaatliche) Amtshilfe
administrative fine (for misbehaviour)	Ordnungsstrafe
administrative penal procedure	Verwaltungsstrafverfahren
administrative penalty (for misbehaviour)	Ordnungsstrafe
administrative provision	Erlaß (Rechtsakt der Verwaltung)
administrative regulation	Verwaltungsvorschrift, Dienstvorschrift
admissibility	Zulässigkeit

admissible	zulässig
admission	Geständnis
(to) adopt	verabschieden (Tagesordnung)
advance payments	Vorauszahlungen
advance pricing arrangement (APA)	Vorabvereinbarung über die Verrechnungspreisgestaltung (OECD-Verrechnungspreise)
advanced training courses	Fortbildungslehrgänge
Advocate General	Generalanwalt (EuGH)
affidavit	beeidete, schriftliche Erklärung
affidavit, to take an	eine beeidete, schriftliche Erklärung entgegennehmen
affiliate	Beteiligungs-, Konzern-, Tochter-, Schwestergesellschaft; Zweigstelle, Filiale (US)
affiliate privilege	Schachtelprivileg
after-tax profits	Gewinne nach Steuern
age allowance	Altersfreibetrag
age of criminal accountability	Strafmündigkeit
agenda	Tagesordnung
agent	Vertreter
(to) aggravate	erschweren, verschlimmern
aggravating	erschwerend; ärgerlich, verdrießlich

aggravating circumstances	erschwerende Umstände
aggregate consideration	Gesamtentgelt
alcohol tax	Alkoholabgabe
allegation	Behauptung, Vorbringen
(to) allege	behaupten, beschuldigen
allocation (of resources)	Vergabe, Zuteilung, Zuweisung (von Mitteln)
allocation of (audit) cases	Fallzuteilung
allocation of the burden of proof	Beweislastregel
(to) allow a claim	eine Forderung anerkennen
(to) allow a price discount to a customer	einem Kunden einen Preisnachlaß gewähren
(to) allow extenuating circumstances	mildernde Umstände zubilligen
allowance	Freibetrag
allowance, daily	Tagesdiät (für Dienstreise)
allowance for depreciation	AfA (Absetzung für Abnutzung)
allowance for special expenses	Sonderausgaben
allowance method	Pauschalwertberichtigung, Sammelwertberichtigung
allowance, separation or severance	Abfertigungsrücklage
amalgamation (UK)	Fusion durch Neugründung
amalgamation (US)	echte Fusion
amendment	Änderung, Novellierung, Novelle (Gesetz); in den USA: Verfassungszusatz

amenity	nützliche Einrichtung, Annehmlichkeit
amortization (for intangible asstes)	Abschreibung (für immaterielle Wirtschaftsgüter)
amount owing	Forderung
analysis (investigation), computer-based	computergestützte Verknüpfung von Daten und Informationen zu Fahndungszwecken
ancillary services	Hilfs- und Nebentätigkeiten
(to) announce (a visit, an audit)	eine Prüfung ankündigen
announcement (of a visit, an audit)	Prüfungsankündigung
anonymous denunciation, anonymous information	anonyme Anzeige
anti-surveillance techniques	Techniken, die eine Überwachung oder Beschattung unmöglich machen sollen
any (old) (umgangssprachlich)	x-beliebig
(at) any (old) time (umgangssprachlich)	zu x-beliebiger Zeit
appeal	Berufung, Beschwerde, Rechtsmittel
(to) appeal	berufen
appeal procedure	Berufungsverfahren
appellant	Beschwerdeführer
appellate . . .	Rechtsmittel-, Berufungsmittel

applicable rate	anzuwendender, geltender Steuersatz
applicant	Bewerber
application	Anwendung, Anwendungsbereich, Geltung; Antrag, Bewerbung, Gesuch
application of laws or rules	Anwendung von Gesetzen oder Regeln
application of goods for non-business purposes	Eigenverbrauch
(to) apply	anwenden
(to) apply a tax rate on a basis of assessment	einen Steuersatz auf Bemessungsgrundlage anwenden
(to) appoint	ernennen, bestellen
appointment	Ernennung, Bestellung, Berufung; Verabredung
appreciation	Aufwertung (Wirtschaftsgüter)
approach	Prüfungstechnik
appropriate	angemessen, geeignet, zuständig
arbitrary	willkürlich
arbitration	Schiedsspruch, Schlichtung
area of responsibility	Aufgabenbereich
arithmetic mean	arithmetisches Mittel
(at) arm's length	als wirtschaftlich unabhängige Vertragspartner, dem Fremdvergleich entsprechend

arm's length principle	Fremdvergleichsgrundsatz (OECD-Verrechnungspreise)
arm's length range	Bandbreite für den Fremdpreis (OECD-Verrechnungspreise)
arrears	(Steuer-)Rückstände
(to) arrest somebody	jemanden festnehmen
arson	Brandstiftung
arsonist	Brandstifter
article 5-query, request (VIES)	Artikel 5-Anfrage (MIAS)
articles of association (UK)	Satzung einer Kapitalgesellschaft
articles of incorporation (US)	Gesellschaftsvertrag einer Kapitalgesellschaft
assembly	Montage
assembly, general	Generalversammlung
assertion	Geltendmachung (eines Anspruches); Behauptung, Vorbringen
assertion, to make an	eine Behauptung aufstellen
assertion, to refute an	eine Behauptung widerlegen
assessed value	Einheitswert
assessment	Bewertung, Würdigung
assessment, formal notice of	Bescheid
assessment notice	Steuerbescheid, Bescheid
assessment, performance	Bewertung, Würdigung einer Arbeitsleistung

asset	Vermögenswert
assets	(Bilanz-)Aktiva
assets, current	Umlaufvermögen
assets, depreciable fixed	abnutzbares Anlagevermögen
assets, fixed	Anlagevermögen
assets, movable fixed	bewegliches Anlagevermögen
assignability	Übertragbarkeit (Recht, Anspruch)
assignment	Übertragung, Abtretung
Assistent Chief Investigation Officer (ACIO) (Customs and Excise, UK)	stellvertretender Leiter des nationalen Steuerfahndungsdienstes
associate	Mitarbeiter, Kollege, Teilhaber
associated company	verbundenes Unternehmen
associated enterprises	verbundene Unternehmen (OECD-Verrechnungspreise)
assurance (UK)	(bürgerfreundlich für:) Prüfung, Kontrolle
assurance officer (UK)	(bürgerfreundlich für:) Betriebsprüfer
(to) attain	erreichen, gelangen zu
attempt	Versuch
attempt doomed to failure	untauglicher Versuch
attempted tax fraud	versuchte Steuerhinterziehung

(for the) attention of	zu Handen
attestation	Beglaubigung
attorney at law (US)	Rechtsanwalt
(tax) audit	Betriebsprüfung
audit aerea	Prüffeld
audit group	Prüfergruppe
audit on the premises	Prüfung im Betrieb
audit plan	Prüfungsplan
audit unit for large traders	Großbetriebsprüfung
audit unit for small traders	Amtsbetriebsprüfung
auditing report	BP-Bericht
auditing technique	Prüfungstechnik
austerity programme (UK), - program (US)	(drastisches) Sparprogramm, Sparpaket
authorities	Behörden
authority	Vollmacht, Befugnis
authorization to audit	Prüfungsauftrag
authorized recipient	Zustellungsbevollmächtigter
authorized to represent	vertretungsberechtigt
average	Durchschnitt
average, global weighted	gewogenes arithmetisches Mittel (Mittelwert)
average, moving . . . basis	gleitendes Durchschnittspreisverfahren
avoidance	Anfechtung

B

backslash (\)	Schrägstrich (rückwärts)
back taxes	Steuerrückstände
bad debts	dubiose und uneinbringliche Forderungen, zweifelhafte Forderungen
badge	Abzeichen, Dienstabzeichen
bailiff	Gerichtsvollzieher
balance	Gleichgewicht, Saldo, Kontostand, Rest(schuld)
balance of payment	Zahlungsbilanz
balance sheet	Bilanz
balance sheet date	Bilanzstichtag
balance sheet item	Bilanzposten
balance sheet ratios	Bilanzkennziffern
bank book	Sparbuch
bank loan	Bankkredit
bank guarantee	Bankgarantie
(to be) bankrupt	bankrott sein
bankruptcy	(der) Bankrott
bankruptcy, criminal	betrügerische Krida
bar chart	Stabdiagramm
bargain	Handel, Geschäft; Gelegenheitskauf; Börsengeschäft
(to) bargain	handeln, aushandeln
bargaining position	Verhandlungsposition
(to become) barred by limitation after six months	in sechs Monaten verjähren

(2*)

B

barter	Tausch(handel), Tauschgeschäft
barter transaction	Tauschgeschäft
basis of assessment	Bemessungsgrundlage
bearer	Inhaber, Überbringer
bearer share	Inhaberaktie
bench mark	Richtwert, Vergleichswert
(to be) biased	befangen (sein)
billing	Rechnungslegung, Fakturierung
binding	verbindlich, zwingend, obligatorisch
binding law	zwingendes Recht
black economy	Schattenwirtschaft
black labour	Schwarzarbeit
blank, to sign in	blanko unterschreiben
blank document, to sign a	blanko unterschreiben
board, supervisory	Aufsichtsrat
blocking minority	Sperrminorität
bodies ruled by public law	öffentlich-rechtliche Körperschaften
bogus	falsch, unecht
bogus	Schwindel
bogus claim	erdichtete (nichtexistente) Forderung
bogus company	Schwindelfirma, Schwindelgesellschaft
bogus firm	Schwindelfirma
bogus trader	Schwindelhändler

bogus transaction	Scheingeschäft, Schwindelgeschäft
bond	Anleihe; Kaution
bookkeeping	Buchhaltung, Buchführung
book value	Buchwert
books and records	Bücher und Aufzeichnungen
books, closing the	Buchungsschluß
(to) bootleg	(Alkohol) schmuggeln oder unerlaubt herstellen
(to) bootleg aliens into a country	Ausländer in ein Land einschmuggeln
bootlegger	(Alkohol-)Schmuggler, Schieber
bootlegging	(Alkohol-)Schmuggel, unerlaubte Tätigkeit
branch	Zweigstelle, Filiale, Betriebsstätte; Branche, Sparte
brand	(Produkt-)Marke
brassplate company	Gesellschaft, von der es nur ein Türschild gibt, Briefkastenfirma
(to) breach	verletzen (eine Regel, Vorschrift)
breach	Verletzung (Regel, Vorschrift)
breach of treaty obligations	Verletzung von Vertragsbestimmungen
break-even point	Wendepunkt zwischen der Verlust- und Gewinnzone (einer Transaktion)
bribe	Schmiergeld

C

(to) bribe	bestechen
bribery	Bestechung, Schmiergeldzahlung
brokerage, broker's commission	Maklergebühr, Courtage
budgetary year	Haushaltsjahr
bugging device	Abhörgerät
building site	Baustelle
burden of proof	Beweislast
business expense	Betriebsausgabe
business law	Handelsrecht
business, object of	Gegenstand des Unternehmens
business report	Geschäftsbericht
buyer	Käufer, Erwerber
buzz word	Schlagwort, Modewort
by-laws	Geschäftsordnung, Satzung (einer AG, siehe auch: charter)
by-product	Nebenprodukt
by virtue of (law)	kraft (Gesetzes)

C

(to) calculate (a tax)	(eine Steuer) berechnen
(to) cancel	stornieren, widerrufen, aufheben
cancellation	Stornierung, Storno, Widerruf

capital assets	Anlagevermögen
capital gain	Spekulationsgewinn, Wertzuwachs, Wertsteigerung
capital goods	Investitionsgüter
capital loss	Spekulationsverlust, Kursverlust, Wertminderung
capital reserve	gebundene Rücklage
capital yields	Kapitalerträge
capital yield tax	Kapitalertragsteuer
capitalized, own costs	Aktivierte Eigenleistungen
captive insurance company	konzerneigene Versicherungsgesellschaft
capture (of data)	(Daten-)Erfassung
caravan	Überwachungskolonne (Steuerfahndung)
(to) carry forward	vortragen (z. B. Verluste)
(to) carry out transactions occasionally	gelegentlich Umsätze bewirken
cartel	Kartell
carrousel-fraud	Karusselbetrug, meist ein Vorsteuerbetrug über mehrere Mitgliedstaaten der EU
case	Fall, Prüfungsfall
case allocation	Fallzuteilung
case law	Fallrecht (Gegenteil von Gesetzesrecht)
case, the reopening of a	Wiederaufnahme des Verfahrens
case, to reopen a	ein Verfahren wiederaufnehmen

C

case work	Arbeit an einem (Prüfungs-)Fall
cases under the jurisdiction of a court	gerichtszuständige Fälle
cash method of accounting	Einnahmen-Ausgaben-Rechnung
cash, petty	Barkassa, Portokassa
cash value	Barwert
cashbook	Kassabuch
cash discount	Skonto, Kassenskonto
cash on delivery	gegen Nachnahme
cash register	Registrierkasse
(to) caution someone	jemanden auf seine Rechte hinweisen, über seine Rechte belehren
Central Liaison Office (CLO)	UID-Büro, zentrales Verbindungsbüro
central operational intelligence unit	zentrale Steuerfahndungseinheit mit operationalen Aufgaben
chain audit	Kettenprüfung
chair	Vorsitz
(to) chair (a meeting)	(bei einer Sitzung) den Vorsitz führen
chairman	Vorsitzender, Leiter (Tagung, Seminar)
chairperson	Vorsitzender/-de, Leiter/-in
Chancellor of the Exchequer (UK)	(britischer) Finanzminister
character	Zeichen

characteristic	Merkmal
characteristic feature	charakteristisches Kennzeichen
charge	Kosten, Preis
(to) charge	belasten
chargeability of tax	Steueranspruch
chargeable event	Steuertatbestand
chart of accounts	Kontenrahmen
charter (in einigen Staaten: certificate of incorporation)	Gründungsurkunde (einer AG); (charter + by-laws = Satzung)
charter company, charter operator	Chartergesellschaft
charter party	(Urkunde über) Chartervertrag
check (US), cheque (UK)	Scheck
Chief Investigation Officer (CIO) (UK)	Leiter des nationalen Steuerfahndungsdienstes
child allowance	Kinderfreibetrag
chit	Bon, Gutschein
cif price (cost, insurance, freight)	CIF-Preis (Kosten, Versicherung, Fracht)
circumstantial evidence	Indizienbeweis
citizenship	Staatsbürgerschaft
civil servant	Beamter, öffentlich Bediensteter
claim	Forderung, Anspruch
(to) claim	fordern, Ansprüche geltend machen

claim barred by limitation	verjährter Anspruch
clause, non discrimination	Diskriminierungsverbot
clearing	Aufrechnung, Verrechnung
clip board	Dokumentenmappe, Schreibmappe, Klemmbrett
closing negotiation	Schlußbesprechung
closing the books	Buchungsschluß
code of behaviour (UK), behavior (US)	Verhaltensregel
co-decision procedure	Verfahren der Mitentscheidung
(under) coercion	(unter) Zwang, Nötigung
(to use) coercive measures	Zwangsmaßnahmen (ergreifen)
coercive penalty (to enforce certain acts or omissions)	Zwangsstrafe
coffer (sing.)	Koffer, Kasten, Truhe
coffers (plural)	Schätze, Schatzkammer
(to) collect a debt	eine Schuld eintreiben
collection	Inkasso; nur UK: regionale Verwaltungseinheit von H. M. Customs and Excise, entspricht einer FLD in Österreich
collection of goods	Abholung von Gegenständen
collusion	geheime Absprache, Verabredungs- und Verdunkelungsgefahr

(to) combat (tax fraud)	(die Steuerhinterziehung) bekämpfen
(to) commence	anfangen, beginnen
commercial code	Handelsgesetzbuch
commercial enterprises	gewerbliche Unternehmen
commercial register	Handelsregister, Firmenbuch
commission	Provision
Commission Decision	Entscheidung der Kommission
Commission of the European Communities	Kommission der Europäischen Gemeinschaften
Commission Recommendation	Empfehlung der Kommission
Commission Regulation	Verordnung der Kommission
Commissioner	Kommissar, Kommissarin
(to) commit an offence	eine strafbare Handlung begehen
(to) commit perjury	einen Meineid leisten
committee	Ausschuß
committee of inquiry	Untersuchungsausschuß (EP)
Committee of Permanent Representatives (COREPER)	Ausschuß der Ständigen Vertreter (COREPER)
Common Agricultural Policy (CAP)	Gemeinsame Agrarpolitik
Common Customs Tariff (CCT)	Gemeinsamer Zolltarif
Common Foreign and Security Policy (CFSP)	Gemeinsame Außen- und Sicherheitspolitik
common objectives	gemeinsame Ziele

C

common system of VAT	(das) endgültige System der Mehrwertsteuer
common training programme (Matthaeus-Tax)	gemeinsames Ausbildungsprogramm
Community law	Gemeinschaftsrecht
comparability analysis	Vergleichbarkeitsanalyse (OECD-Verrechnungspreise)
comparable uncontrolled price method (CUP-method)	Preisvergleichsmethode (OECD-Verrechnungspreise)
compensating adjustment	kompensierende Berichtigung (OECD-Verrechnungspreise)
competence	Kompetenz
competent	zuständig
competent tax office	zuständiges Finanzamt
competition	Konkurrenz, Wettbewerb
competition policy	Wettbewerbspolitik
competitive	wettbewerbsfähig
complainant	Beschwerdeführer
complaint	schriftliche Klage, Beschwerde
(to) complete a contract	einen Vertrag abschließen
compliance	Pflichterfüllung, Mitwirkung
composition	Vergleich
(to) comprise	umfassen, enthalten, einschließen
compulsory	zwingend, Zwangs-, verbindlich, obligatorisch

compulsory measures	Zwangsmaßnahmen
computer accounts officer (CAO) (UK, Customs & Excise)	Systemprüfer (für Klein- und Mittelbetriebe)
computer based training (CBT) (UK)	computergestütztes Lernen
computer fraud	Computerbetrug
concern	Betrieb, Unternehmen; Hauptbedeutung: Anliegen, Sache, Sorge, Besorgnis (nicht Konzern!)
(to) conclude a contract	einen Vertrag abschließen
conclusive	endgültig, entscheidend
condition	Bedingung
condition, restoration of the original	Wiederherstellung des ursprünglichen Zustandes
condition, to restore the original	den ursprünglichen Zustand wiederherstellen
conduct	Betragen, Handlung, Verhalten
(to) conduct	durchführen, abwickeln
conducting of an audit	Prüfungsdurchführung
(to) confess	gestehen
confession	Geständnis
confession, full	umfassendes Geständnis
confidential	vertraulich
(to) confiscate	beschlagnahmen
confiscation	Beschlagnahme

C

confiscation order (for assets)	Beschlagnahmeanordnung (für Vermögens- oder Wertgegenstände)
conglomerate (group)	Mischkonzern, Konglomeratskonzern
(to) consent	sich einverstanden erklären
considerate action	gelindere Mittel
consideration	Gegenleistung, Entgelt (Hauptbedeutung: Überlegung)
(to) consign	versenden
consignment	Versendung, Versand
constituent element	Tatbestandsmerkmal
construction sector	Baugewerbe
consultant	Gutachter, Steuerberater
consultation procedure	Verfahren der Anhörung
consumer durables	langlebige Konsumgüter
container transport	Containerverkehr
(on a) continuing basis	nachhaltig
continuous	dauerhaft
contract	Vertrag
contract for sale, sale contract	Kaufvertrag
contractor	(General-)Unternehmer (Bauwesen)
contractual liability	vertragliche Haftung
contribution	Einlage (in eine Gesellschaft)
contribution analysis	Beitragsanalyse (OECD-Verrechnungspreise)

control declaration	Kontrollmitteilung, KM
control units for large traders	Großbetriebsprüfung
control units for small traders	Amtsbetriebsprüfung
controlled transactions	konzerninterne Geschäfte (OECD-Verrechnungspreise)
(to) convene (a meeting)	einberufen (eine Sitzung)
convenience invoice	Gefälligkeitsrechnung
convening order	Einberufung
conveyance	Beförderung, Transport, Übertragung
conviction	Verurteilung (gerichtlich)
Cooperation on Justice and Home Affairs	Zusammenarbeit in den Bereichen Justiz und Inneres
cooperation procedure	Verfahren der Zusammenarbeit
corporate	innerbetrieblich
corporate body	juristische Person
corporate income tax	Körperschaftsteuer
corporation (UK)	Körperschaft der öffentlichen Wirtschaft
corporation (US)	private Kapitalgesellschaft
corporation tax	Körperschaftsteuer
corporation tax office	Finanzamt für Körperschaften
corresponding adjustment	Gegenberichtigung (OECD-Verrechnungspreise)

cost-benefit	Kosten-Nutzen
cost-benefit analysis	Kosten-Nutzen-Analyse
cost, manufacturing	Herstellungskosten
cost (of acquisition)	Anschaffungskosten
cost of living	Lebenshaltungskosten
cost plus mark up	Kostenaufschlag (OECD-Verrechnungspreise)
cost plus method	Kostenaufschlagsmethode (OECD-Verrechnungspreise)
costs, production	Herstellungskosten
Council Decision	Entscheidung des Rates
Council of States	Bundesrat (Österreich)
Council of the European Union	Rat der Europäischen Union
Council Regulation	Verordnung des Rates
Council, technical	Fachministerrat
(to) counter a problem	einem Problem entgegentreten, ein Problem bekämpfen
counterfeit	gefälscht
counterfeit goods	gefälschte, nachgemachte Güter oder Waren
country of destination	Bestimmungsland
court	Gericht
(by) court	gerichtlich
court order	Gerichtsbeschluß, einstweilige Verfügung
Court of Auditors	(Europäischer) Rechnungshof

Court of First Instance	Gerichtshof Erster Instanz (EuGH)
Court of Justice	Europäischer Gerichtshof (EuGH)
cover sheet	Deckblatt, Titelseite (z. B. bei FAX)
covert	verdeckt, heimlich
covert invigilation or surveillance	verdeckte Beobachtung
crafts	handwerksmäßige Gewerbe
credentials	Ausweis(papiere), Dienstausweis
(to present the) credentials	sich ausweisen (mit dem Dienstausweis)
credibility	Glaubwürdigkeit
creditor	Gläubiger
criminal action	strafgerichtliche Verfolgung
criminal bankruptcy	betrügerische Krida
criminal court	Strafgericht
criminal law	Strafrecht
criminal record	Vorstrafe, Vorstrafenregister
criminal record, to have a ...	vorbestraft sein
criterion (plural:criteria) of case selection	Kriterium der Fallauswahl
cross-border	grenzüberschreitend
cross-border employee	Grenzgänger

cross-border legislation	Gesetzgebung für mehrere Staaten
cross-examination	Kreuzverhör
(to) cross-examine somebody	jemanden ins Kreuzverhör nehmen
culpable	schuldhaft
currency	Währung
current assets	Umlaufvermögen
custody	Untersuchungshaft
customer	der Kunde, die Kundschaft
customers approach (in administration)	„kundenorientierte" Verwaltung, Bürgerfreundlichkeit (der Verwaltung)
customs	Zoll
(H. M.) Customs and Excise (UK)	Zoll- und Verbrauchsteuerverwaltung Ihrer Majestät
Customs and Excise Management Plan (CEPT) (UK)	Jahresarbeitsplan der britischen Zoll- und Verbrauchsteuerverwaltung
customs enclave	Zollanschlußgebiet
customs exclave	Zollausschlußgebiet
Customs Union	Zollunion

D

daily allowance	Tagesdiät (für Dienstreise)
damage	Schaden
damages	Schadenersatz

damages, action for . . ., action to recover	Schadenersatzklage
data base	Datenbank (EDV)
data interchange, electronical (EDI)	elektronischer Datenaustausch
data protection	Datenschutz
data protection legislation	Datenschutz-Gesetzgebung
date, maturity	Fälligkeit(stag), Stichtag
deadline for appeal	Berufungsfrist
death duty	Erbschaftssteuer
debtor	Schuldner
debt management (UK)	(bürgerfreundlich für:) Vollstreckung, Einbringung (von Abgaben)
debt management unit (UK)	Vollstreckungsstelle, Einbringungsstelle
debts, bad	dubiose und uneinbringliche Forderungen
debts, irrevocable	uneinbringliche Forderungen
(to) deceive (civil law)	täuschen, irreführen, betrügen
deceived party	der Getäuschte
deception	Täuschung, Irreführung
decision	Entscheidung, Urteil
decision-making procedures	Entscheidungsverfahren
decision, preliminary appellate	Berufungsvorentscheidung
declining-balance depreciation	degressive Abschreibung

decrease of inventory	Bestandsveränderung (negativ)
decree	Erlaß (interne Verwaltungsanordnung), Verfügung
(to) decree	anordnen (Gericht, Verwaltungsbehörde), verfügen, bestimmen
(to) deduct as a depreciation	abschreiben (abnutzbare Wirtschaftsgüter)
deductable proportion	abzugsfähiger Teil
deduction	Vorsteuerabzug (bei Ertragsteuern: Abzug von Aufwendungen)
deduction items, deductions	Absetzposten
(to be in) default	(in) Verzug (sein)
defect, formal, defect in form	Formfehler
defendant	Angeklagter (auch im Steuerverfahren), Beklagter
(to) defer	aufschieben, verschieben, zurückstellen
(to) defer income	Einkommen abgrenzen
(to) defer payment	Zahlungen aufschieben, verschieben
deferral	Rechnungsabgrenzung
deficiency	Mangel, Fehlen, Fehlbetrag
deficit	Verlust
definitive regime of VAT	(das) endgültige System der Mehrwertsteuer

delay	Verzug
(to) deliver	zustellen (ohne Zustellungsnachweis)
(to) deliver an opinion	eine Stellungnahme abgeben
delivery	Lieferung (UST, Irland); Zustellung
delivery costs, delivery expenses	Bezugskosten
delivery note	Lieferschein
demand	Forderung
(to) demand	fordern
denunciation, anonymous	anonyme Anzeige
Department of the Treasury (US)	amerikanisches Finanzministerium
depletion (for natural resources)	Abschreibung (für Substanzverringerung)
deposit	Anzahlung, Depot
deposition	eidliche, mündliche Zeugenaussage
depository	Hinterlegungsstelle (Schriftstücke, Post)
depreciable fixed assets	abnutzbares Anlagevermögen
(to) depreciate	abschreiben (abnutzbare Wirtschaftsgüter)
depreciation (for tangible assets)	Abschreibung (für abnutzbare, körperliche Wirtschaftsgüter
depreciation, accelerated	vorzeitige Abschreibung

depreciation, declining-balance	degressive Abschreibung
depreciation, (to) deduct as	abschreiben (abnutzbare Wirtschaftsgüter)
depreciation, normal	normale Abschreibung
depreciation, straight-line	lineare Abschreibung
(to) deregister	(einen Abgabepflichtigen) löschen
deregistration (of a trader) (UK)	(steuerliche) Löschung (eines Abgabepflichtigen)
derogation	(Ab-)Änderung (einer Verordnung, eines Gesetzes)
desk visiting	Prüfung im Amt (am Schreibtisch)
destination	Bestimmungsort, Ziel
(to) detain somebody	jemanden vorübergehend festnehmen
detention	Inhaftierung, Arrest
deterrence	Spezialprävention, Abschreckung
development	Entwicklung
development costs	Entwicklungskosten
diminished responsibility	verminderte Zurechnungsfähigkeit
(to) direct (somebody)	(jemandem) Rechtsbelehrung erteilen
direct costs	direkte Kosten (OECD-Verrechnungspreise)
direct intent	Vorsatz, dolus directus

directive	Richtlinie (als EU-Rechtsakt)
Director General	Leiter einer Generaldirektion (in Brüssel), Sektionschef (in Österreich)
directorate	Sektion (in einem BM)
Directorate General (DG)	Generaldirektion (EU)
disbursements	Aufwendungen
(to) discharge the burden of proof	Beweis antreten
(to) disclose	offenlegen (enthüllen)
disclosure	Offenlegung
discount	Abzinsung, Disagio
discretion	Ermessen
discretionary rules of evidence	freie Beweiswürdigung
(to) dispatch	versenden, absenden
dispatchment	Versendung
disposal	Übertragung
disproportionate	unverhältnismäßig
(to) disseminate	weiterleiten, verbreiten
dissemination	Bekanntmachung, Verbreitung
(to) distrain	in Besitz nehmen (bewegliche Sachen berechtigterweise und außergerichtlich als Sicherheit für die Bezahlung einer Schuld)

(to) distrain on goods	Waren mit Beschlag belegen
distress	Beschlagnahme (zur Sicherung von Steuernachforderungen); (Grundbedeutung: Kummer, Notlage, Bedürftigkeit)
(to) distress	in Besitz nehmen (bewegliche Sachen berechtigterweise und außergerichtlich als Sicherheit für die Bezahlung einer Schuld)
distress, to be subject to	der Beschlagnahme unterliegen
distribution of profit	Gewinnausschüttung, Gewinnverteilung
district (UK, Customs & Excise)	Prüfergruppe, Betriebsprüfergruppe
division	Abteilung (in einem Ministerium)
document	Urkunde
documentary evidence, documentary proof	Urkundenbeweis
domestic sources of income	inländische Steuerquellen
domestic transactions	Inlandslieferungen, Inlandsgeschäfte
domicile	(gewöhnlicher) Wohnsitz

donatio mortis causa	Schenkung von Todes wegen
donation	Schenkung
doorstep selling	Haustürgeschäft, Haustürverkauf
dormant	(Steuer-)Guthaben
double entry sytem	doppeltes Buchführungssystem
doubtful accounts receivable	zweifelhafte Forderungen
down payment	Anzahlung
draft	Wechsel, Tratte; Entwurf, Konzept
(to) draft	entwerfen
draft bill	Gesetzesentwurf
draft programme	Programmentwurf
drawings	Entnahmen
dual-use-goods	Güter mit zweifachem Verwendungszweck (zivil und militärisch > ZOLL!)
due date	Abgabetermin, Fälligkeitstermin
due date for filing one's tax return	Fälligkeitstermin zur Abgabe der Steuererklärung
due date for payment of taxes	Fälligkeitstermin zur Entrichtung der Steuern
duties	Gebühren
duty of care	Sorgfaltspflicht

E

early warning system	Frühwarnsystem
earnings	Gewinn, Einkünfte
earnings, retained	thesaurierter Gewinn
earnings, tax on	Gewinnbesteuerung
economic activity on a continuing basis	nachhaltige Tätigkeit (UST)
Economic and Monetary Union (EMU)	Wirtschafts- und Währungsunion
Economic and Social Committee (ESC, ECOSOC)	Wirtschafts- und Sozialausschuß (WSA)
economic or technical obsolescence	außergewöhnliche wirtschaftliche oder technische Abnutzung
EDP (electronic data processing)	EDV
effect, with retroactive	mit rückwirkender Kraft, rückwirkend
e. g. (exempli gratia) gesprochen: for instance, for example	zum Beispiel
electoral system	Wahlsystem
electronic data interchange (EDI)	elektronischer Datenaustausch
eligible	wählbar
(to) emanate from	hervorgehen aus
employee	Angestellter, Bediensteter
employment	Beschäftigung
employment level	Beschäftigungsstand

(to) enclose	beilegen, beifügen
enclosure	Beilage
(to) encourage	anstiften, ermutigen
encouragement	Anstiftung
endorsement	Indossament
enforcement	Vollstreckung
enforcement case	Vollstreckungsfall
enforcement of a judgement	Vollstreckung eines Gerichtsurteiles
enforcement of payable taxes	Vollstreckung der Steuerschuld
(to) engage in activities as public authorities	Leistungen im Rahmen ihres (des) Hoheitsbereichs erbringen
(to) enhance	verbessern, erhöhen
enquiry (see: inquiry)	Ermittlung
(to) enter into a contract	einen Vertrag abschließen
(to be) entitled to make deductions of input tax	das Recht auf Vorsteuerabzug besitzen, vorsteuerabzugsberechtigt sein
entitlement to exemption	Anspruch auf Steuerbefreiung
entitlement to severance payment	Abfertigungsanspruch
entity	Rechtssubjekt
environment	Umwelt
environmental protection	Umweltschutz
environmental taxes	Umweltsteuern, Ökosteuern

equilization, financial	Finanzausgleich (Bund – Gebietskörperschaften)
equilization, revenue	Finanzausgleich (Bund – Gebietskörperschaften)
equipment	Betriebsausstattung, Geschäftsausstattung
equity	Gleichbehandlung, Billigkeit
equity capital	Eigenkapital
equivalent	Gegenwert
escape clause	Rücktrittsrecht, Rücktrittsklausel
(to) establish the amount of tax payable	die Steuerschuld feststellen
establishment, permanent	Betriebsstätte
estate	Nachlaß, Verlassenschaft
estate, real	Grundeigentum, Grundbesitz, Immobilien, Grundstück(e), unbewegliches Vermögen
European Atomic Energy Community, EAEC (EURATOM)	Europäische Atomgemeinschaft (EURATOM)
European Central Bank	Europäische Zentralbank
European Coal and Steel Community (ECSC)	Europäische Gemeinschaft für Kohle und Stahl (EGKS)
European Council	Europäischer Rat
European Court of Justice(ECJ)	Europäischer Gerichtshof (EuGH)
European Currency Unit (ECU)	Europäische Währungseinheit

European Economic Area (EEA) Agreement	EWR-Vertrag
European Economic Community (EEC)	Europäische Wirtschaftsgemeinschaft (EWG)
European Investment Bank (EIB)	Europäische Investitionsbank
European Monetary Institute	Europäisches Währungsinstitut
European Monetary System (EMS)	Europäisches Währungssystem
European Parliament (EP)	Europäisches Parlament (EP)
European Regional Development Fund	Europäischer Fonds für regionale Entwicklung
European Social Fund	Europäischer Sozialfonds
(to) evaluate	bewerten, würdigen, beurteilen, auswerten (Material)
evaluating the evidence on the spot	Augenschein
evaluation	Bewertung, Wertung, Auswertung, Würdigung
evaluation of evidence	Beweiswürdigung
evaluation system	Bewertungssystem
(tax) evasion	Steuerhinterziehung
eventual intent	Vorsatz, dolus eventualis
everything which constitutes the consideration	alles, was den Wert der Gegenleistung bildet
evidence	Beweis, Beweismaterial, Nachweis, Aussage

evidence for the defence (US: defense)	entlastendes Beweismaterial
evidence for the prosecution	belastendes Beweismaterial
evidence not allowable in court	Beweismittelverbot, Verwertungsverbot
(to take) evidence	Beweis aufnehmen
evidence by inspection	Beweis durch (Lokal-)Augenschein
examining judge, examining magistrate	Untersuchungsrichter
exchange control	Devisenkontrolle
exchange policy	Devisenpolitik
exchange rate	Wechselkurs
(to) exceed	übersteigen
excise duty	Verbrauchsteuer
exclusion, total or partial . . . of the (right of) deduction	völliger oder teilweiser Ausschluß des Vorsteuerabzuges
(tax) exemption	Steuerbefreiung
exemption method with progression	Befreiungsmethode mit Progressionsvorbehalt
expectation	Erwartung
expectations, to meet	Erwartungen erfüllen
expenditure	Aufwand (Buchhaltung, Ertragsteuer)
expense, business	Betriebsausgabe
expenses	Spesen, Aufwendungen

expenses, prepaid	Aktive Rechnungsabgrenzung
expert	Sachverständiger
expert, officially recognised	amtlich anerkannter Sachverständiger
expertise	Sachkenntnis, Gutachten, Expertise
expiration of a term (US)	Fristablauf
expiration of time	Zeitablauf
(to) expire	ablaufen
expiry date, expiration date	Ablaufdatum
expiry of a term, expiration of a term	Fristablauf
export certificate	Ausfuhrbestätigung, -bescheinigung
export deliveries, export supplies	Ausfuhrumsätze, Ausfuhrlieferungen
extenuating circumstance	Milderungsgrund (Strafe)
extenuating circumstances, (to allow)	mildernde Umstände (zubilligen)
extracted goods	gewonnene Güter
(to) extradite (somebody)	(jemanden) ausliefern
extradition	Auslieferung
extradition treaty	Auslieferungsvertrag
extraordinary income	außerordentliche Einkünfte
„eyeball" (UK Slang)	Fahndungsbeamter, der den zu Überwachenden im Auge behält

F

fact excluding unlawfulness	Rechtfertigungsgrund
fact finding	Sachverhaltsermittlung, Tatbestandsermittlung
fact preventing personal responsibility	Schuldausschließungsgrund
failure to pay taxes	Nichtbezahlung von Steuern
fair competition	Wettbewerbsneutralität, fairer Wettbewerb
false pretences	Vorspiegelung falscher Tatsachen
false statement	falsche Angabe
Federal Fiscal Procedures Act	Bundesabgabenordnung
federal state	Bundesland (in Österreich)
fee	Gebühr
FICA-tax (Federal Insurance Contribution Act) (US)	Bundes-Sozialversicherungsbeitrag (US)
field sevice	Außendienst
file	Akt, Steuerakt
(to) file (with)	einreichen (bei); ablegen, einordnen, zu den Akten nehmen
(to) file one's tax return	seine Steuererklärung abgeben
final consumer	Endverbraucher
final negotiation	Schlußbesprechung
financial equalization	Finanzausgleich (Bund – Gebietskörperschaften)

finding	Erkenntnis, Ergebnis
fine	Geldstrafe, Geldbuße
finished goods	Fertigwaren
firm name	Firma
first offender	Ersttäter, erstmaliger Straftäter
first-time control or visit	Erstbesuch (erste Kontrolle bei neugegründeten Unternehmen)
fiscal penalty	Finanzstrafe
fixed assets	Anlagevermögen
flat rate	das Pauschale
flat rate compensation	Pauschalausgleich
flat rate farmer	pauschalierter Landwirt
flat rate scheme	Pauschalregelung
flat rate tax	die Pauschalsteuer
floor, to give the ... to (somebody)	(jemandem) das Wort erteilen
folder	Mappe, faltbarer Prospekt; nur UK: (Mehrwert-)Steuerakt
footman	Überwachungsbeamter zu Fuß (Steuerfahndung)
footman surveillance	Überwachung zu Fuß, Beschattung zu Fuß
for the account of another person	für fremde Rechnung
forecast	Vorhersage, Prognose
foreign affairs Council	Außenministerrat
foreign customer	ausländischer Auftraggeber

foreign sources of income	ausländische Steuerquellen
forgery	Fälschung, Urkundenfälschung; Täuschung
form, in proper	formgerecht
formal defect	Formfehler
formal decision to start a criminal tax procedure	Einleitungsbescheid
formal notice of assessment	Bescheid
formation of a shell company	Mantelgründung
foundation	Stiftung
founding treaties	Gründungsverträge
Four Freedoms	vier Grundfreiheiten
framework	Rahmenbedingung, Rahmen
framework program(me)	Rahmenprogramm
fraud	Betrug
fraud awareness programme (UK)	Trainingsprogramm für Finanzbeamte zur Bewußtmachung der Betrugsgefahr
fraudster	Betrüger, Steuerhinterzieher
fraudulent	betrügerisch
fraudulent insolvency	betrügerische Krida
fraudulent intent	betrügerische Absicht, Täuschungsabsicht
free movement of capital	freier Kapitalverkehr
free movement of goods	freier Warenverkehr
free movement of services	freier Dienstleistungsverkehr

free movement of workers/labour	Freizügigkeit der Arbeitnehmer
free of charge	unentgeltlich
free trades	freie Gewerbe
freedom of establishment	Niederlassungsfreiheit
fringe benefit	Sozialleistung (für Arbeitnehmer)
front company	Tarngesellschaft, Strohmanngesellschaft
frontman	Strohmann
front page	Titelseite, Deckblatt
(to) fulfil a contract (fulfill: US)	einen Vertrag erfüllen
fulfilment of a contract	Vertragserfüllung
funds	Gelder, Geldmittel
furniture and fixture	Betriebs- und Geschäftsausstattung
functional analysis	Funktionsanalyse (OECD-Verrechnungspreise)
FUTA-tax (Federal Unemployment Tax Act) (US)	Bundes-Arbeitslosenversicherungsbeitrag (US)

G

garnishment	(Gehalts-)Pfändung
general affairs Council	Außenministerrat
General Agreement on Tariffs and Trade (GATT)	Allgemeines Zoll- und Handelsabkommen

general assembly	Generalversammlung
general basic training courses	Grundausbildungslehrgänge
general ledger	Hauptbuch
general meeting	Hauptversammlung
general partnership (US)	Offene Handelsgesellschaft (OHG)
general prevention	Generalprävention
gift	Schenkung
gift inter vivos	Schenkung unter Lebenden
gift tax	Schenkungssteuer
gist	Quintessenz, das Wesentliche
global formulary apportionment method	globale formelhafte Gewinnaufteilungsmethode (OECD-Verrechnungspreise)
global weighted average	gewogenes arithmetisches Mittel (Mittelwert)
going concern	tätiges Unternehmen, Unternehmen im vollen Betrieb
going concern principle	Prinzip der Unternehmensfortführung
going concern value	Firmenwert (im ertragsteuerlichen Sinne)
Goods and Services Tax (Canada)	Mehrwertsteuer
goodwill	(ideeller) Firmenwert (Marketing, Betriebswirtschaft)

(to) govern	regeln
(to be) governed by	unterliegen
government accounting	kameralistische Buchführung
gross domestic product (GDP)	Bruttoinlandsprodukt (BIP)
gross negligence	grobe Fahrlässigkeit
gross profit margin	Bruttogewinnspanne
gross profits	Bruttogewinn (OECD-Verrechnungspreise)
gross takings (daily)	Bruttoeinnahmen (tägliche)
group (of undertakings or enterprises)	Konzern
growth	Wachstum
guarantee (UK), guaranty (US)	Garantie, Bürgschaft
guidelines	Richtlinien
(to be) guilty of an attempt	eines versuchten Verbrechens schuldig sein

H

head of a local tax office	Finanzamtsvorstand, Vorstand eines Finanzamtes
header	Deckblatt, Titelseite (FAX)
(to) hear witnesses	Zeugen einvernehmen
hearing	Spruch(senats)verhandlung, mündliche Verhandlung

hearing in chambers	nicht öffentliches Verfahren
hedging	Kurssicherung
heir/heiress	Erbe/Erbin
H. M. Customs and Excise (UK)	Zoll- und Verbrauchsteuerverwaltung Ihrer Majestät
hidden reserves	stille Reserven (durch zulässige Bewertung)
hire purchase	Ratenkauf
historical cost accounting	Anschaffungswertprinzip
(to) honour (UK), honor (US)	begleichen (Grundbedeutung: ehren)
(to) hono(u)r a bill	einen Wechsel begleichen
horse trading	Kuhhandel

I

i. e. (id est) gesprochen: that is	das heißt
illegal	rechtswidrig
illegality	Rechtswidrigkeit
illegible	unleserlich
implementation	Einführung, Durchführung, Vollzug
implication	Folgerung, innewohnende Bedeutung
implications	Auswirkungen

importation of goods	Einfuhr von Gütern, Waren
(to) impose a tax on	mit einer Steuer belegen
imprisonment	Freiheitsstrafe, Inhaftierung
in the case of danger ahead	bei Gefahr im Verzug
in the case of emergency	bei Gefahr im Verzug
inadmissibility	Unzulässigkeit
inadmissible	unzulässig (z. B. Klage)
inapplicability	Unanwendbarkeit
inapplicable	unanwendbar
incentive	Anreiz, Ansporn; anspornend
incentive plan	Leistungssystem, Prämiensystem
incentives	Anreizeffekte
inchoate offense	unvollendete Straftat
incidental expenses	Nebenkosten
incidental transaction	Hilfsumsatz
income	Einkommen, Einkünfte
income derived from employment	Einkünfte aus nichtselbständiger Arbeit
income, domestic sources of	inländische Steuerquellen
income, extraordinary	außerordentliche Einkünfte
income, foreign sources of	ausländische Steuerquellen
income from capital, tax on	Kapitalertragsteuer
income, non-operating	außerordentliche Erträge
income, regular	laufendes Einkommen
income statement	Gewinn- und Verlustrechnung

income tax	Einkommensteuer
income tax on wages and salaries	Lohnsteuer
income, taxable	zu versteuerndes Einkommen
increase of inventory	Bestandsveränderung (positiv)
increased obligation to cooperate (with the authorities)	erhöhte Mitwirkungspflicht
increased rate	der erhöhte Steuersatz
indemnification	Entschädigung
indemnity	Entschädigung, Abfindung, Ersatzleistung (eingetretener Schaden), Abfindungssumme, Entschädigungsbetrag
independent enterprises	unabhängige Unternehmen (OECD-Verrechnungspreise)
(to) indict	Anklage erheben
indictment	Anklageschrift
indirect costs	indirekte Kosten (OECD-Verrechnungspreise)
individual proprietorship (US)	Einzelunternehmen
individual selection (manual)	Einzelauswahl (händisch)
indorsement	Indossament
information, anonymous	anonyme Anzeige
informer	Denunziant, Informant

infringement	Verletzung, Bruch (einer Regel, Vorschrift)
infringement of sovereignty	Verletzung der Hoheitsgewalt
in good faith	nicht schuldhaft
inheritance tax	Erbschaftssteuer
inheritance tax treaty	DBA-Erbschaftssteuern
initial training courses	Einführungslehrgänge
injunction	einstweilige Verfügung
Inland Revenue (IR) (UK)	Britische Steuerverwaltung für die direkten Steuern
input-output ratio	Mengenrechnung, Mengenverprobung
input-tax	Vorsteuer
input-tax fraud	Vorsteuerschwindel, Vorsteuerbetrug
inquiries	Erhebungen (im Sinne von §143 BAO), Ermittlungen
inquiry officer	Erhebungsbeamter
inquiry procedures	Ermittlungsverfahren
inquiry section (UK)	Auskunftsstelle (in einem Finanzamt)
inquiry team	Erhebungsdienst
insert (US)	Beilage
insertion	Beilage
insolvency	Insolvenz, Zahlungsunfähigkeit
insolvent	insolvent, zahlungsunfähig
(to) inspect	Einsicht nehmen

inspection	Augenschein, Lokalaugenschein
inspection, evidence by	Beweis durch Augenschein, Beweis durch Lokalaugenschein
inspections of predeclarations	UVA-Prüfungen
inspectorate	Aufsichtsbehörde
installation	Montage
(to) instigate	anstiften (Strafrecht)
instigation	Anstiftung (Strafrecht)
institutions	Organe (EU)
insurance premium tax (UK)	Versicherungssteuer
intangible	nichtkörperlich
intangible property	nichtkörperliche Wirtschaftsgüter, Gegenstände
intelligence gathering	Informationserfassung, -beschaffung
intensive	intensiv
intent, direct	Vorsatz, dolus directus
intent, eventual	Vorsatz, dolus eventualis
intention	Vorsatz
intentional	dolos, vorsätzlich
intentional set-off	Vorteilsausgleichsvereinbarung (OECD-Verrechnungspreise)
interest in	Beteiligung, Recht an, Anrecht auf oder an
interest rate	Zinssatz

internal revision	interne Revision
international agreements	völkerrechtliche Verträge
international freight transport	grenzüberschreitender Güterverkehr
interpretation	Auslegung (Recht, Gesetz); Übersetzung, Verdolmetschung
(to) interprete a law	ein Gesetz auslegen
interrogation	Einvernahme
interruption of a term	Unterbrechung einer Frist
(to) intervene	einem Prozeß beitreten
intervener	Nebenkläger
interview (investigation)	Verhör (Steuerfahndung)
intracommunity acquisitions	innergemeinschaftliche Erwerbe
intracommunity supplies	innergemeinschaftliche Lieferungen
inventory	Inventurliste; US auch: Lagerbestand
inventory, decrease of	Bestandsveränderung (negativ)
inventory, increase of	Bestandsveränderung (positiv)
investigating magistrate	Untersuchungsrichter
investigation	Ermittlung, Fahndung
investigation (unit), tax investigation (unit)	Fahndung, Steuerfahndung
investigative activities	Verfolgungshandlungen, Fahndungsmaßnahmen
investigator	Ermittlungsbeamter, Steuerfahnder

investment goods	Investitionsgüter
investment tax credit	Steuerbegünstigung für Investitionen
invigilation	Beobachtung, Beaufsichtigung
invoice	Rechnung, Faktura
irresponsibility	Unzurechnungsfähigkeit
irresponsible	unzurechnungsfähig
irrevocable debts	uneinbringliche Forderungen
Internal Revenue Service (IRS) (US)	US-Bundessteuerbehörde
items, stationery	Gegenstände des Bürobedarfs

J

(to) jeopardize	gefährden
job	Arbeitsplatz
job, training on	praktische Berufsausbildung
jobless	arbeitslos
joint competence	gemeinsame Zuständigkeit
joint liability	Solidarhaftung
joint venture	Gemeinschaftsunternehmen (auch: ARGE)
jointly	solidarisch, gemeinsam
journal	Journal (Buchhaltung); Zeitschrift

journal (sales-)	Warenausgangsbuch
judgement, revision of a	Wiederaufnahme des Verfahrens (bei Gericht)
judicial	gerichtlich, richterlich
judicial process	Rechtsweg
judiciary	Justiz
juridical	juristisch
jurisdiction	Gerichtsbarkeit, Rechtsprechung, Jurisdiktion, Gerichtsbezirk
justification	Rechtfertigungsgrund
justified	(rechtlich) begründet

K

key features	Grundzüge (z. B. eines Gesetzes)
(to) key in (data)	(Daten) eingeben (in den Computer)
kickback	Schmiergeld
„knock" (UK Slang, investigation)	Hausdurchsuchung (Steuerfahndung)
knockdown prices	Schleuderpreise
knowing/knowingly	wissentlich

L

land acquisition tax	Grunderwerbsteuer
land register	Grundbuch

land tax	Grundsteuer
land transfer tax	Grunderwerbsteuer
landfill tax (UK)	Deponieabgabe (grüne Steuer)
Large Trader Control Unit (LTCU) (H. M. Customs and Excise, UK)	Großbetriebsprüfung
late charge	Verspätungszuschlag
late filing of returns	verspätete Abgabe von Erklärungen
law enforcement	Durchsetzung von Recht und Gesetz
lawyer	Jurist, Juristin; Rechtsanwalt, Rechtsanwältin
leading question	Suggestivfrage
lease	Miete, Pacht, Leasing
legal capacity	Rechtsfähigkeit
legal document	Urkunde
legal entity	juristische Person
legal expert	juristischer Sachverständiger
legal framework	Rechtsgrundlage(n)
legal personality	Rechtspersönlichkeit
legal representation	gesetzliche Vertretung
legally founded	(rechtlich) begründet
legislation	Gesetzgebung
lender	Darlehensgeber, Verleiher
(to) let (UK)	vermieten
letter of credit	Akkreditiv

letterbox company	Briefkastenfirma
levy	Abschöpfung (Zoll)
(to) levy the tax in advance	die Steuer im voraus erheben
liabilities	Verbindlichkeiten, (Bilanz-)Passiva
liability	Haftung
liability for payment of the tax	die Fälligkeit der Steuer
licence agreement	Lizenzvertrag
licensee	Lizenznehmer
licenser (UK), licensor (US)	Lizenzgeber
lien	Pfandrecht
lifetime transfer	Schenkung unter Lebenden
limitation	Verjährung; Beschränkung, Begrenzung
limitation period	Verjährungsfrist
limited tax liability	beschränkte Steuerpflicht
limited liability company	Gesellschaft mit beschränkter Haftung
limited partnership	Kommanditgesellschaft (KG)
line of business	Branche
literal interpretation	wörtliche Auslegung
(to) litigate	prozessieren
litigation	Prozeß, Rechtsstreit
livelihood	Lebensunterhalt, Existenz
loan	Darlehen
loan shark	Kredithai

local governments	Gemeinden
local tax office (LTO)	Finanzamt
local VAT office (LVO) (UK, Customs and Excise)	Finanzamt, das für die Erhebung der Mehrwertsteuer zuständig ist
local VAT office investigation team (UK) (LVOIT)	Steuerfahndungsteam eines Finanzamtes
(to) lodge a complaint (US)	Strafanzeige erstatten
log book	Fahrtenbuch
loophole	Gesetzeslücke
loss(es)	Verlust
loss carried forward	Verlustvortrag
loss, operating	Betriebsverlust (aus dem eigentlichen Geschäftsbetrieb)
lost opportunity cost	Kosten die entstehen, wenn Bedienstete durch anderwertige Tätigkeit nicht arbeiten (z. B. Ausbildung)
loyalty and good faith	Treu und Glauben

M

magistrate, investigating or examining	Untersuchungsrichter
mainframe	(der) Großrechner (EDV)
(to) maintain	instandhalten, erhalten
maintenance	Instandhaltung, Erhaltung

majority, qualified	qualifizierte Mehrheit
(to) make an assertion	eine Behauptung aufstellen
(to) make a statement	eine Aussage machen
(to) make a contract	einen Vertrag abschließen
management	Unternehmensleitung
management report	Geschäftsbericht
mandatory law	zwingendes Recht
manifest	offenkundig
(to) manipulate the accounts	Bücher fälschen
manpower	Personalbestand
manufacturing cost(s)	Herstellungskosten
margin	Gewinnspanne, Marge
marital privilege	Aussageverweigerungsrecht eines Ehegatten
market share	Marktanteil
mark-down	Preissenkung
mark-up	Preisaufschlag, Gewinnaufschlag
mark-up method	Gewinnverprobung
matching (of data)	Abgleichung (von Daten), Abstimmung (von Daten)
Matthaeus-Tax Programme (EU)	Berufsbildungsprogramm der Kommission für Finanzbedienstete, die indirekte Steuern erheben
(to) mature	fällig werden, reifen
maturity date	Fälligkeit, Stichtag

(to) maximise	maximieren
maximum sentence	Höchststrafe
mean	Mittel, Mittelwert
measure	Maßnahme
measurement tool	Meßinstrument
(to) meet expectations	Erwartungen erfüllen
meeting, general	Hauptversammlung
meeting, shareholder's	Hauptversammlung
Member of the European Parliament (MEP)	Abgeordneter zum Europäischen Parlament
merchandise	Handelsware
merchant	Händler
method, exemption . . . with progression	Befreiungsmethode mit Progressionsvorbehalt
methods of valuation	Bewertungsmethoden, Bewertungsregeln
meticulous	genau, übergenau
minimum sentence	Mindeststrafe
minor negligence	leichte Fahrlässigkeit
minority, blocking	Sperrminorität
minutes	Protokoll (einer Sitzung, Verhandlung), Amtsvermerk, Aktenvermerk
miscellaneous	Verschiedenes
misdemeanour (UK), misdemeanor (US)	Vergehen
misuse of discretion (or powers)	Ermessensmißbrauch
mitigation	Strafmilderung

mobile surveillance	mobile Überwachung, mobile Beschattung
money laundering	Geldwäscherei
(to) monitor	überwachen
monitoring	Überwachung
monitoring, performance	Überwachung der Arbeitsleistung von Bediensteten
most-favoured-nation treatment	Meistbegünstigungsklausel
motion	Antrag (bei Gericht)
motor vehicle tax	Kraftfahrzeugsteuer
movable	beweglich
movable fixed assets	bewegliches Anlagevermögen
movable tangible property	bewegliche körperliche Wirtschaftsgüter
moving average basis	gleitendes Durchschnittspreisverfahren
multinational enterprise (MNE)	multinationales Unternehmen (MU) (OECD-Verrechnungspreise)
multinational enterprise group (MNE group)	multinationaler Konzern (OECD-Verrechnungspreise)
multiple taxation	mehrfache Besteuerung
multi-stage system	Mehrphasensystem (Mehrwertsteuer)
municipal tax	Kommunalsteuer
municipal trade tax	Gewerbesteuer

mutual	gegenseitig
mutual agreement procedure	Verständigungsverfahren (DBA)
mutual assistance	(zwischenstaatliche) Amtshilfe
(on) mutual terms	auf Gegenseitigkeit
mutuality	Gegenseitigkeit

N

National Insurance Contributions (NIC) (UK)	Sozialversicherungsbeiträge (UK)
National Investigation Service (NIS) (UK)	nationaler Steuerfahndungsdienst (H. M. Customs and Excise)
natural person	natürliche Person
negligence	Fahrlässigkeit
negligence, gross	grobe Fahrlässigkeit
negligent	fahrlässig
negligent insolvency (or bankruptcy)	fahrlässige Krida
(to) negotiate	verhandeln
negotiation	Verhandlung
net VAT revenue	Nettoeinnahmen aus der Mehrwertsteuer
net worth (US)	Gesellschaftsvermögen, Eigenkapital
net worth comparison	Betriebsvermögensvergleich

new subjects	neue Tatsachen (Wiederaufnahme des Verfahrens)
nomination form	Anmeldeformular
non discrimination clause	Diskriminierungsverbot
non-operating income	außerordentliche Erträge
non-resident taxpayer	beschränkt Steuerpflichtiger
non-taxable person	Nichtunternehmer, nicht Steuerpflichtiger
non-taxable transaction	nicht steuerbarer Umsatz
normal depreciation	normale Abschreibung
not proven	mangels an Beweisen
notepad	Notizblock
notwithstanding	ungeachtet

O

oath	Eid
oath, to be under	unter Eid stehen
object of business	Gegenstand des Unternehmens
objective	Ziel, Vorgabe
obligation to disclose all facts relevant for taxation	Offenlegungspflicht
obligation to disclose truthfully all facts relevant for taxation	Offenlegungs- und Wahrheitspflicht

obligation to refrain from an act or to tolerate a situation	die Verpflichtung, eine Handlung zu unterlassen oder einen Zustand zu dulden
obligatory	verbindlich, obligatorisch
obsolescence, economic or technical	außergewöhnliche wirtschaftliche oder technische Abnutzung
(to) obtain	erlangen, erhalten
occasional transaction	Gelegenheitsumsatz
off-records	nicht in den Büchern, „schwarz"
offence (UK), offense (US) of the law	Gesetzesübertretung
offence by omission	Unterlassungsdelikt
offence, inchoate	unvollendete Straftat
offender	Straftäter
offender, first	Ersttäter, erstmaliger Straftäter
official bookkeeping	offizielle Buchhaltung
Official Journal	Amtsblatt
officials with directing responsibilities	Beamte in Leitungsfunktionen
officially recognised	amtlich anerkannt
officially recognised expert	amtlich anerkannter Sachverständiger
offshore location	Steuerparadies, unterliegt nicht der Besteuerung im Mutterland
Ombudsman	Bürgerbeauftragter, Volksanwalt

O-MCTL message (VIES)	Meldung über die Ungültigkeit einer UID-Nummer (MIAS)
omission	Unterlassung, Auslassung (UStG)
(to) omit	auslassen, unterlassen
omnibus account (UK)	Sammelkonto (Bank)
operating loss	Betriebsverlust (aus dem eigentlichen Geschäftsbetrieb)
operating profit	Betriebsgewinn (aus dem eigentlichen Geschäftsbetrieb)
opinion	Stellungnahme (Grundbedeutung: Meinung), Gutachten
option	Wahlrecht, Wahlmöglichkeit
order (written)	Prüfungsauftrag (schriftlicher)
original condition, restoration of the	Wiederherstellung des ursprünglichen Zustandes
original condition, to restore the	den ursprünglichen Zustand wiederherstellen
original legal position, to restore somebody to his	jemanden in den vorigen Stand wiedereinsetzen
original position, restoration of one's	Wiedereinsetzung in den vorigen Stand
(to) outsource	auslagern, fremdvergeben (Tätigkeiten an andere Unternehmen oder Institutionen)

overall tax effect	gesamte steuerliche Auswirkung
overhead	Gemeinkosten
overlapping of taxes	kumulative Besteuerung
own consumption	Eigenverbrauch
own costs capitalized	Aktivierte Eigenleistungen
own resources	Eigenmittel (der Gemeinschaft)
ownership	Eigentumsrecht
ownership (of rights)	Eigentum, Inhaberschaft, Innehabung (von Rechten)
ownership, transfer of	Eigentumsübergang

P

packing costs	Verpackungskosten
para(graph)	Absatz
paralegal (US)	Anwaltsassistent, juristische Hilfskraft
(to) participate	teilnehmen
participant	Teilnehmer
particular prevention	Spezialprävention
particular selection	Einzelauswahl
partner, active	geschäftsführender Gesellschafter einer Personengesellschaft
partnership (UK)	Offene Handelsgesellschaft (OHG)

party	Partei, Vertragspartei
patent law	Patentrecht
payment of taxes	Entrichtung von Steuern
payment of tax advance	Steuervorauszahlung
payment, separation allowance	Abfertigungszahlung
payment, termination indemnity	Abfertigungszahlung
payments, to resume	Zahlungen wiederaufnehmen
payroll	Gehaltsliste (Löhne und Gehälter)
payroll tax (US)	(lohnbezogene) Sozialversicherungssteuer
penal procedure	Finanzstrafverfahren
penal prosecution unit	Strafsachenstelle
pending	schwebend, anhängig
pension contribution	Pensionsbeitrag
per capita	pro Kopf
per capita rate	Pro-Kopf-Quote
performance	Arbeitsleistung, Leistung
performance assessment	Bewertung, Würdigung der Arbeitsleistung
perfomance evaluation	Leistungsbewertung
perfomance indicator	Leistungsindikator
perfomance measurement	Messung (Quantifizierung) der beruflichen Leistung von Bediensteten

performance monitoring	Überwachung der Arbeitsleistung (von Bediensteten)
performance of a contract	Vertragserfüllung
period of prescription	Verjährungsfrist
(to) perjure	meineidig werden, einen Meineid schwören
perjurer	Person, die einen Meineid schwört, Meineidiger
perjury	Meineid
perjury, to commit . . .	einen Meineid leisten
perjury, subornation of	Anstiftung zum Meineid
permanent establishment	Betriebsstätte
perpetrator	Täter
person authorized to accept service	Zustellungsbevollmächtigter
personal search	Personendurchsuchung
personal service	persönliche Zustellung
personnel	Belegschaft, Personal
personnel allocation guidelines	Personalverteilungsrichtlinien (PVR)
person who is liable to pay the tax	Steuerpflichtiger, Steuerschuldner
petition for bankruptcy	Konkursantrag
petty cash	Barkassa, Portokassa
petty tax offense (US)	Finanzordnungswidrigkeit
Phoenix company	Phönixgesellschaft

phoenixism (UK, EU)	Phönixphänomen (das Wiederaufleben „gestorbener", etwa in Konkurs gegangener Unternehmen zum Zweck eines steuerlichen Mißbrauchs)
place of utilization	der Ort des Gebrauchs
place where a service is supplied	der Ort der (sonstigen) Leistung
place where taxable transactions are effected	Ort der steuerbaren Leistung
place where the supply takes place	Ort der Lieferung
plaintiff	Kläger
plant	Betrieb, Fabrik, Betriebs-, Fabriksanlage (Grundbedeutung: Pflanze)
(to) plead	vorbringen
(to) plead (not) guilty	sich (nicht) schuldig bekennen
(to) pledge	verpfänden
pledge	Pfand, Sicherheit
point at issue	strittiger Punkt
police investigator	Ermittlungsbeamter der Polizei
policies	Politiken
poll tax (UK)	Kommunalsteuer
pollution	Umweltverschmutzung
postal reply coupon	Rückschein

powers	Machtbefugnisse (einer Behörde)
precautionary measures	vorsorgliche Maßnahmen
precedent	Präzedenzfall, Präjudiz
predeclaration	Umsatzsteuervoranmeldung (UVA)
pre-emptive right	Vorkaufsrecht
prejudice	Befangenheit, Vorurteil
(to be) prejudiced	befangen (sein)
preliminary agreement	Vorvertrag
preliminary appellate decision	Berufungsvorentscheidung
preliminary calculation	Vorkalkulation
preliminary hearings	Voruntersuchung
preliminary investigation	Vorerhebung
preliminary ruling	Vorabentscheidung (EuGH)
preparation	(Prüfungs-)Vorbereitung
preparatory steps	vorbereitende Maßnahmen
prepaid expenses	Aktive Rechnungsabgrenzung
prerogative	Privileg
prescription	Verjährung
present value	Barwert
Presidency (EU)	Präsidentschaft
(to) press charges against	Anklage erheben
presumption of innocence	Unschuldsvermutung
presumptive evidence	Indizienbeweis
pretax	vor Steuern

pretax income	Einkommen vor Steuern
pretax profit	Gewinn vor Steuern
prevention	Verhütung, Verhinderung (UK auch: bürgerfreundlich für) Zoll(verwaltung)
prevention, particular	Spezialprävention
preventive detention	Präventivhaft
previous conviction	Vorstrafe
previous convictions, to have	vorbestraft sein
price discount	Preisnachlaß, Rabatt
primary adjustment	Primärberichtigung (OECD-Verrechnungspreise)
primary law	Primärrecht
primary source of Community law	primäre Quelle des Gemeinschaftsrechtes
principal	Auftraggeber, Prinzipal; Haupttäter
principle of adequacy	Verhältnismäßigkeitsprinzip
principle of collegiality	Kollegialitätsprinzip
principle of subsidiarity	Subsidiaritätsprinzip
principle of substance over form	Prinzip der wirtschaftlichen Betrachtungsweise
privacy of correspondence	Briefgeheimnis
private company limited by shares (UK)	Gesellschaft mit beschränkter Haftung
private law	Zivilrecht
proactive approach	aktives Herangehen an eine Sache

probation	Bewährung (Strafrecht)
proceedings, to resume	ein Verfahren wiederaufnehmen
proceedings, the resumption of	Wiederaufnahme des Verfahrens
procedural law	formelles Recht, Verfahrensrecht
procedural requirements	Formvorschriften, Verfahrensvorschriften
procedure	Verfahren
(to) process data	Daten verarbeiten
(to) process goods	Güter be- und verarbeiten
processed goods	be- und verarbeitete Güter
processing activity	verarbeitende Tätigkeit
product liability	Produkthaftung
production cost	Herstellungskosten
professional misconduct	standeswidriges Verhalten
profit(s)	Gewinn
profit and loss account or profit and loss statement	Gewinn- und Verlustrechnung
profit after tax	Gewinn nach Steuern
profit before tax	Gewinn vor Steuern
profit carried forward	Gewinnvortrag
profit(s), distribution of	Gewinnausschüttung, Gewinnverteilung
profit, operating	Betriebsgewinn (aus dem eigentlichen Geschäftsbetrieb)
profit situation	Ertragslage

profit split method	Gewinnaufteilungsmethode (OECD-Verrechnungspreise)
profiteer	Preistreiber, Wucherer
project work	Projektarbeit
proof	Beweis, Beweismittel
(to) prove	beweisen
proof of service	Zustellungsnachweis
(in) proper form	formgerecht
property tax	Vermögensteuer
(to) propose a motion	einen Antrag stellen
proprietorship, individual (US)	Einzelunternehmen
(to) prosecute	Anklage erheben
prosecution	Strafverfolgung, Anklageerhebung, Anklage, Anklagevertretung
(to) protect	absichern, schützen
pro tem	zur Zeit
provable	beweisbar, nachweisbar
(to) provide	rückstellen (Bilanz)
(to) provide services	Dienstleistungen erbringen
provision	Rückstellung, Wertberichtigung
provisions	Bestimmungen
provisions to reserves	Dotierung von Rücklagen
provisional tax return	vorläufige Abgabenerklärung

public company limited by shares (UK)	Aktiengesellschaft (AG)
public corporation (UK)	Körperschaft des öffentlichen Rechts, öffentlich-rechtliche juristische Person
public hearing	öffentliches Verfahren
public international law	Völkerrecht
public prosecutor	Staatsanwalt
public supplies	öffentliche Versorgung
public undertakings	öffentliche Unternehmen
purchaser	Käufer, Erwerber

Q

qualified majority	qualifizierte Mehrheit
qualified trades	gebundene Gewerbe
quarterly statement	Zusammenfassende Meldung (ZM)
question of fact	Tatfrage
questioning	Befragung, Einvernahme
questionnaire	Fragebogen
quotation	Kostenvoranschlag, Preisangebot

R

rag trade (UK-Slang)	Textilbranche, „Fetzenbranche"

raid	Hausdurchsuchung, Razzia
random sample	Zufallsstichprobe
random selection	Zufallsauswahl
ratios, balance sheet	Bilanzkennziffern
real estate	Immobilien, Grundbesitz, Grundeigentum, Grundstück(e), unbewegliches Vermögen
real property tax	Grundsteuer
rebate	Rückvergütung, Preisnachlaß
recapitulative statement	Zusammenfassende Meldung (ZM)
(to) receipt	quittieren, den Empfang bescheinigen
receipt	1. Empfang, Erhalt, Annahme, Entgegennahme (von Waren); 2. Quittung, Empfangsbestätigung
(on) receipt of payment	zum Zeitpunkt der Vereinnahmung
receivable, accounts	Forderungen
receivable, doubtful accounts	zweifelhafte Forderungen
receivables, sundry	sonstige Forderungen
recipient	Empfänger
reciprocity	Gegenseitigkeit
reckless	leichtfertig

recklessness	Leichtfertigkeit
recommendation	Empfehlung
record	Protokoll
records	Akten
records, books and	Bücher und Aufzeichnungen
(tax) recover	(Steuer-)Erstattung
(to) recover damages	Schadenersatz erlangen, erhalten
recovery directive	Beitreibungsrichtlinie (Nr. 76/308 EWG)
recovery of tax debts	Einbringung von Steuerschulden
redemption	Rückzahlung
reduced rate	ermäßigter Steuersatz
reestablishment	Wiederherstellung
reestablishment of rights	Wiedereinsetzung in den vorigen Stand
referendum	Volksabstimmung
(to) refute	widerlegen
(to) refute an assertion	eine Behauptung widerlegen
regard, having . . . to	gestützt auf, unter Berücksichtigung von, mit Bezug auf
(to) regard as established	als erwiesen annehmen
(with) regard to the distances covered	nach Maßgabe der zurückgelegten Beförderungsstrecke
regional (fiscal) directorate	Finanzlandesdirektion

regional government	Landesregierung
Regional Tax Inspectorate	Steuerlandesinspektorat
registered letter	eingeschriebener Brief, Einschreibebrief
Registrar of Companies (UK)	Handelsregister, Firmenbuch
registration (for VAT) (UK)	steuerliche Erfassung (zur Mehrwertsteuer)
registration duties	Eintragungsgebühren
regular income	laufendes Einkommen
regulation	Verordnung (als EU-Rechtsakt), sonst: Bestimmung
reinstatement	Wiedereinsetzung
reinstatement in the status quo ante	Wiedereinsetzung in den vorigen Stand
(to) reject	verwerfen
release of reserves	Auflösung von Rücklagen
remedy	Rechtsmittel
reminder value	Erinnerungswert
remission of tax (on exportations)	steuerliche Entlastung (bei der Ausfuhr)
rendering of accounts	Rechnungslegung
(to) rent (US)	vermieten
rental charge	Mietkosten
(to) reopen a case	ein Verfahren wiederaufnehmen
reopening of a case	Wiederaufnahme des Verfahrens

repayment fraud (VAT)	Betrug durch ungerechtfertigte Rückforderung von Mehrwertsteuer
repeated offence	fortgesetztes Delikt
(to) replace	wiederbeschaffen
replacement	Wiederbeschaffung, Ersetzung
replacement costs	Wiederbeschaffungskosten
report	Anzeige, Bericht
report of operations	Tätigkeitsbericht
representative	Vertreter (z. B. eines Mitgliedstaates)
request	Anfrage
request for information	Auskunftsverlangen (Amtshilfe)
resale price margin	Handelsspanne, Wiederverkaufspreismarge (OECD-Verrechnungspreise)
resale price method	Wiederverkaufspreismethode (OECD-Verrechnungspreise)
research	Forschung
research and development	Forschung und Entwicklung
(to) reschedule	stunden
reselling price	Wiederverkaufspreis
reserves, additions or provisions to	Dotierung von Rücklagen
reserves, release or reversal of	Auflösung von Rücklagen
residence	Sitz, Wohnsitz

residual analysis	Restgewinnanalyse (OECD-Verrechnungspreise)
resistence to (or against) tax	Steuerwiderstand
resort	Ausweg, Zuflucht, Ferienort
resource allocation	Mittelzuweisung
responsibility	Zurechnungsfähigkeit
responsibility, diminished	verminderte Zurechnungsfähigkeit
restitution in integrum	Wiedereinsetzung in den vorigen Stand
restoration	Wiedereinsetzung, Wiederherstellung
restoration of one's original position	Wiedereinsetzung in den vorigen Stand
restoration of the original condition	Wiederherstellung des ursprünglichen Zustandes
(to) restore somebody to his original legal position	jemanden in den vorigen Stand wiedereinsetzen
(to) restore the original condition	den ursprünglichen Zustand wiederherstellen
restraint order (US)	richterliches Verbot, richterliche Beschränkung; einstweilige Verfügung
(to) resume	wiederaufnehmen
(to) resume payments	Zahlungen wiederaufnehmen
(to) resume proceedings	das Verfahren wiederaufnehmen

R

resumption	Wiederaufnahme
resumption of proceedings	Wiederaufnahme des Verfahrens
retail schemes (UK)	vereinfachte Methode zur Berechnung der Umsatzsteuer bei Einzelhändlern
retail sector	Einzelhandel
retained earnings	nichtausgeschütteter Gewinn, thesaurierter Gewinn
retaliatory measure	Vergeltungsmaßnahme
retroactive	rückwirkend
(with) retroactive effect, retroactively	mit rückwirkender Kraft, rückwirkend
retroactively, to tax	rückwirkend besteuern
revaluation	Aufwertung (Währung)
revenue	Einkünfte, Einnahmen
revenue agent (US)	Betriebsprüfer
revenue equalization	Finanzausgleich (Bund – Gebietskörperschaften)
reversal of reserves	Auflösung von Rücklagen
reversal of the burden of proof	Umkehr der Beweislast
reversion	Heimfall
(to) review	Einsicht in Unterlagen nehmen
revision of a judgement	Wiederaufnahme des Verfahrens (bei Gericht)
(to) revoke	widerrufen

rider	Anhang, Anlage, Nachtrag, Zusatz
right against self-incrimination	Aussageverweigerungsrecht
rights, reestablishment of	Wiedereinsetzung in den vorigen Stand
ring-binder	Ringmappe
risk analysis	Risikoanalyse (Fallauswahl)
risk assessment	Risikobewertung
roll-over (of a credit, loan)	Erneuerung eines Kredits
Rome Treaties	Verträge von Rom
royalty	Lizenzgebühr, Tantieme
rules concerning jurisdiction	Zuständigkeitsbestimmungen
rules of evidence	Beweisregeln
ruling	Entscheidung (EuGH)
ruling, preliminary	Vorabentscheidung (EuGH)
running-in expenses (UK)	Anlaufkosten

S

safe-guarding or safe-keeping of evidence	Beweismittelsicherung, Sicherung von Beweismitteln
salary	Gehalt
salary increase, salary rise	Gehaltserhöhung
salary tax	Lohnsteuer
sale contract	Kaufvertrag
sales journal	Warenausgangsbuch

sales tax	Verkaufssteuer, Umsatzsteuer von Verkäufen (US)
sample	Muster, Warenmuster
sanction	Sanktion, Strafmaßnahme
savings book	Sparbuch
savings deposit	Spareinlage
SCAC = Standing Committee on Administrative Cooperation	Ständiger Ausschuß für die Zusammenarbeit der Verwaltungsbehörden (im Bereich der indirekten Besteuerung)
scope	(Steuer-)Anwendungsbereich, Geltungsbereich, Wirkungskreis
scrutiny	genaue Prüfung
search	Durchsuchung
search warrant	Hausdurchsuchungsbefehl, Durchsuchungsbefehl
secondary adjustment	Sekundärberichtigung (OECD-Verrechnungspreise)
secondary law	Sekundärrecht
secondary transaction	Sekundärgeschäft (OECD-Verrechnungspreise)
secret reserves	stille Reserven (durch unzulässige Bewertung)
secretarial services	Sekretariatsgeschäfte, Sekretariatsdienste
Secretariat General	Generalsekretariat
section	Paragraph (§) (eines Gesetzes)

sectoral approach	branchenorientierter Aufbau (Organisation) der BP
security for unpaid taxes	Sicherheitsleistung für unbezahlte Steuern
(to) seize	beschlagnahmen
seizure	Beschlagnahme, Pfändung
self-assessed tax	Selbstbemessungsabgabe
self-billing (VAT)	Erstellung von Gutschriften (UST)
self-employed	selbständig (erwerbstätig)
self-incrimination	Selbstbezichtigung, Selbstanzeige
self-incrimination, right against	Aussageverweigerungsrecht
self-invoicing (VAT)	Erstellung von Gutschriften (UST)
seller	Verkäufer
Senior Investigation Officer (SIO) (UK)	Gruppenleiter der Steuerfahndung
sentence	Strafe, Strafausmaß
(to) sentence (somebody)	(jemanden) verurteilen
(to) sentence somebody on probation	jemanden auf Bewährung verurteilen
sentencing	Verurteilung (gerichtlich)
separation allowance	Abfertigungsrücklage
separation allowance payment	Abfertigungszahlung
(to) sequestrate	konfiszieren, zwangsverwalten

sequestration	Beschlagnahme (des Vermögens eines Schuldners), Zwangsverwaltung
(to) serve	(förmlich) zustellen
service	(förmliche) Zustellung
service by deposit	Zustellung durch Hinterlegung
service, proof of	Zustellungsnachweis
service trader (nur UK!)	Unternehmer, der Dienstleistungen erbringt
services	sonstige Leistungen (Umsatzsteuer)
setoff (set-off)	Gegenforderung, Aufrechnung
(to) set off against	absetzen von, verrechnen mit
(to) settle an account	eine Rechnung bezahlen
severance allowance	Abfertigungsrücklage
severance payment, entitlement to	Abfertigungsanspruch
severe	streng
severe punishment	strenge Bestrafung
shadow company	Tarngesellschaft (zur Tarnung von Betrugsdelikten)
share	Anteil, Aktie
(to) share information	Informationen zugänglich machen
shareholder	Aktionär

shareholder's meeting	Hauptversammlung
shell company	Mantelgesellschaft
shell company, the formation of a	Mantelgründung
shift	Schicht (Arbeitszeit)
shop steward	Betriebsrat (als Person)
shop-steward fund	Betriebsratsfonds
shrinkage	Abnahme, Schwund
(to) sign a blank document	blanko unterschreiben
(to) sign in blank	blanko unterschreiben
signalment (US)	Steckbrief, genaue Personenbeschreibung zum Zweck der Identifizierung
silent partnership	stille Gesellschaft
silent partnership, typical	echte stille Gesellschaft
simplified procedure	vereinfachtes Verfahren
simultaneous audit	simultane Betriebsprüfung
simultaneous tax examinations (OECD-Verrechnungspreise)	Simultanbetriebsprüfungen
single currency	gemeinsame Währung
Single European Act (SEA)	Einheitliche Europäische Akte (EEA)
Single Market	Binnenmarkt
slash (/)	Schrägstrich (vorwärts)
slides	Folien (für Overheadprojektor)
(to) slump	stürzen (Preise)

(to) soar	in die Höhe schnellen (Preise)
Social Charter	Sozialcharta
social security contributions	Sozialversicherungsbeiträge
sole trader enterprise (UK), sole tradership (UK)	Einzelunternehmen
(to) solicit (US)	anstiften (Strafrecht)
solicitor (UK)	Rechtsanwalt (Geschäftsanwalt)
solicitation (US)	Anstiftung (Strafrecht)
source	Quelle
source of income	Einkunftsart, Einkunftsquelle
sovereignty	Souveränität, Hoheitsgewalt
special expenses, allowance for	Sonderausgaben
special VAT-audits	Umsatzsteuersonderprüfungen
spreadsheet	Aufstellung, Gegenüberstellung, Übersicht (von Daten)
staff	das Personal, die Bediensteten
staff allocation guidelines	Personalverteilungsrichtlinien (PVR)
stamp duties	Stempelgebühren
standard	Norm
standard cost	Plankosten
standard rate (VAT)	Normalsteuersatz (USt)

start-up expenses (US)	Anlaufkosten
start-up losses	Anlaufverluste
statement	Aussage
statement, false	falsche Angabe
statement, income	Gewinn- und Verlustrechnung
statement, profit and loss	Gewinn- und Verlustrechnung
statement, to make a ...	eine Aussage machen, aussagen
states	Staaten
states, regional and local governments	Staaten, Länder und Gemeinden
stationery	Bürobedarf, Schreibwaren
stationery items	Gegenstände des Bürobedarfs
status quo ante, reinstatement in the	Wiedereinsetzung in den vorigen Stand
statutes of limitation	Verjährung
statutory law	Gesetzesrecht (Gegenteil von Fallrecht)
stipulation	Klausel, Bedingung
stock	Aktie, Anteil am Gesellschaftskapital
stock corporation	Aktiengesellschaft
stock exchange	Wertpapierbörse
stockholder	Aktionär
stock-taking (US)	Bestandsaufnahme, Inventur

storage capacity	Speicherkapazität (Computer)
(to) store	speichern (Computer)
straight-line depreciation	lineare Abschreibung
striking cases	auffällige Fälle
Structural Funds	Strukturfonds
study of file	Aktenstudium
subcontractor	Subunternehmer (Bauwesen)
subject to distress (to be)	der Beschlagnahme unterliegen
subject to tax (to be)	steuerpflichtig (sein)
(to) sublet	untervermieten
(reasoned) submission	(begründete) Eingabe
(to) submit	einreichen
(to) submit (something to somebody)	jemandem etwas vorlegen
(to) submit evidence	Beweis antreten
subornation of perjury	Anstiftung zum Meineid
subpoena	Vorladung
(to) subpoena	vorladen
subsidy	Subvention, Beihilfe
subsidies directly linked to the price	Subventionen, die mit dem Preis direkt zusammenhängen
(to) substantiate	belegen
substantive law	materielles Recht
substantive offence	vollendete Straftat
substituted service	Ersatzzustellung

subtotal	Zwischensumme
successor	Nachfolger
(to) sue (for damages)	(auf Schadenersatz) klagen
summary offence	Ordnungswidrigkeit
summary statement	Zusammenfassende Meldung (ZM)
summons	Ladung, Vorladung, Zeugenladung
sundry receivables	sonstige Forderungen
supervision	Aufsicht, Dienstaufsicht
supervisory authority	Aufsichtsbehörde
supervisory body, board	Aufsichtsbehörde, Aufsichtrat
supplementary	ergänzend, zusätzlich
supplier	Lieferant
(a) supply is (made) subject to a reduced rate	(eine) Lieferung fällt unter den ermäßigten Steuersatz
supply of building land	Lieferungen von Baugrundstücken
supply of goods	Lieferung, Lieferung von Waren
supply of services	Dienstleistung, Erbringung sonstiger Leistungen
supply of staff	Personalgestellung
suppression	Unterdrückung, Verheimlichung
suppression of turnover	Umsatzhinterziehung durch Nichterklärung
Supreme Administrative Court	Verwaltungsgerichtshof

Supreme Constitutional Court	Verfassungsgerichtshof
surety	Bürge, Garant (für eine fremde Schuld)
surveillance	Überwachung, Beschattung
surveillance device	Abhörvorrichtung
surveillance, mobile	mobile Überwachung, mobile Beschattung
surveillance, footman	Überwachung zu Fuß, Beschattung zu Fuß
surveyor (Customs and Excise, UK)	Leiter einer Prüfergruppe, Gruppenleiter
suspect	Verdächtigter
suspended sentence	Strafe mit Bewährungsfrist
suspension of a term	Hemmung einer Frist
swearing-in	Vereidigung
switchboard	Telefonzentrale, Vermittlung
system, double entry	doppeltes Buchführungssystem
systematic selection	systematische Fallauswahl

T

table	Tabelle
„tail-end Charly" (UK, Slang Steuerfahndung)	letzter Wagen einer Überwachungskolonne
(to) take someone to court	jemanden bei Gericht anzeigen, jemanden strafrechtlich verfolgen

tangible	körperlich; fühlbar, greifbar, real
tangible movables	bewegliche körperliche Wirtschaftsgüte
tangible property	körperliche Wirtschaftsgüter, Gegenstände
„target" (UK Slang, Steuerfahndung)	zu überwachende, zu beschattende Person
(to) tax	versteuern
tax, abatement of	Steuernachlaß
tax adjustment	Steuerberichtigung, Steuernachforderung
tax advisor	Steuerberater
tax, alcohol	Alkoholabgabe
tax avoidance	Steuerumgehung
tax based on standard fuel consumption of vehicles	Normverbrauchsabgabe (NOVA)
the tax becomes chargeable	die Steuerschuld entsteht
tax burden	Steuerlast, Steuerbelastung
tax calculation	Steuerberechnung
tax claim	Abgabenschuld
tax collection	Abgabenerhebung
tax credit	Steuergutschrift
tax cut	Steuersenkung
tax evasion by negligence	fahrlässige Abgabenverkürzung
tax exemption	Freibetrag (US), Steuerbefreiung

tax fraud	Steuerhinterziehung (als qualifiziertes Betrugsdelikt)
tax, gift . . .	Schenkungssteuer
tax haven	Steueroase
tax identification number	Steuernummer
tax incentives	Steueranreize
tax increase	Steuererhöhung
tax inspector	Betriebsprüfer
tax investigation unit	Steuerfahndung, Prüfungsabteilung für Strafsachen
(tax) investigator	(Steuer-)Fahnder
tax, land . . . (US)	Grundsteuer
tax liability	Steuerpflicht
tax, municipal	Kommunalsteuer
(local) tax office	Finanzamt
tax on commercial and industrial enterprises	Gewerbesteuer
tax on earnings	Gewinnbesteuerung
tax on importations	Einfuhrumsatzsteuer
tax on income from capital	Kapitalertragsteuer
tax, payroll . . . (US)	(lohnbezogene) Sozialversicherungssteuer
tax period	Steuerzeitraum, Besteuerungszeitraum
tax rebate	Steuernachlaß
(tax) recover	Steuererstattung
tax refund	Abgabengutschrift, Steuerrückvergütung

tax regulation	steuerliche Bestimmung
tax relief	Steuererleichterung, Steuerbegünstigung
tax remission	Abgabennachsicht, Steuernachsicht
(to) tax retroactively	rückwirkend besteuern
tax return	Steuererklärung
tax scam (US)	Steuerbetrug
tax shelter	Steueroase
tax throughput (UK)	Steuerdurchsatz (= Summe der Umsatz- und Vorsteuer eines Unternehmens)
tax treaty	Doppelbesteuerungsabkommen
taxable (to be)	steuerpflichtig (sein)
taxable base	Bemessungsgrundlage
taxable income	zu versteuerndes Einkommen
taxable person	Steuerplichtiger, Steuerschuldner
taxable transaction	steuerbarer Umsatz
taxpayer	Steuerplichtiger, Steuerschuldner, Steuerzahler, Abgabepflichtiger
tax revenue	Steuereinnahmen
technical Council	Fachministerrat
term	Frist
termination indemnity accrual	Abfertigungsrücklage

termination indemnity payment	Abfertigungszahlung
terms of contract	Vertragsbedingungen
territorial application	territorialer Anwendungsbereich
(to) testify	aussagen, bezeugen, als Zeuge oder Sachverständiger aussagen
testimony	Aussage
thresholds of supplies	Lieferschwellen (Binnenmarktregelung)
till rolls	Registrierkassenstreifen
time limit	Frist
time-to-pay arrangements	Zahlungserleichterungen
(to) tolerate	dulden
toleration	Duldung (UStG)
toll bar	Schlagbaum (Zollgrenze)
trade class exercises (TCE's) (UK)	Fortbildungsveranstaltung zur Vermittlung von Branchenkenntnissen für Betriebsprüfer
trade class number	Branchenkennzahl
trade marks	Markenrechte
trade name	Firma
trade profile	Branchenprofil, Brancheninformation
trades, qualified	gebundene Gewerbe
trade secret	Geschäftsgeheimnis
trade sector	Branche

trade stage (retail, wholesale)	Handelsstufe (Einzelhandel, Großhandel)
trade tax (municipal)	Gewerbesteuer
traditional transaction methods	geschäftsfallbezogene Standardmethoden (OECD-Verrechnungspreise)
training on job	praktische Berufsausbildung
transaction	Umsatz; Rechtsgeschäft
transactions with third countries	Transaktionen mit Drittländern
transactional net margin method	geschäftsfallbezogene Nettomargenmethode (OECD-Verrechnungspreise)
transactional profit method	geschäftsfallbezogene Gewinnmethode (OECD-Verrechnungspreise)
transfer	Übertragung
transfer of ownership	Eigentumsübergang
transfer of the totality of assets	Übertragung des Gesamtvermögens
transition period	Übergangszeit, -periode
transitional regime of VAT	Übergangssystem der Mehrwertsteuer
travel agent	Reisebüro
Treasury (UK)	britisches Finanzministerium
Treaties of Maastricht	Maastrichter Verträge

Treaty on European Union	Vertrag über die Europäische Union
Treaty of Merger	Fusionsvertrag
triangular transaction, triangulation	Dreiecksgeschäft (UST)
trust (company)	Treuhandgesellschaft
turnover	Umsatz
turnover tax	Umsatzsteuer
turnpike	Schlagbaum
typical silent partnertship	echte stille Gesellschaft

U

unanimity	Einstimmigkeit
unanimous	einstimmig
uncollectible	uneinbringlich
uncollectible accounts	uneinbringliche Forderungen
uncontrolled transactions	Fremdgeschäfte (OECD-Verrechnungspreise)
underground economy	Schattenwirtschaft
undertaking (of an audit)	Durchführung (einer Betriebsprüfung)
underutilization	zu geringe Nutzung, Benutzung
(to) underutilize	zu wenig nutzen, benutzen
(to) underwrite	unterschreiben, versichern

underwriter	Mitglied eines Konsortiums (bei Versicherungen)
underwriting	die Übernahme von Versicherungen
undue influence	unzulässige Beeinflussung
unemployed	arbeitslos
unemployed	(der/die) Arbeitslose
unemployment	Arbeitslosigkeit
unfit attempt	untauglicher Versuch
unilateral	einseitig
unit for VAT-purposes	Organschaft im Sinne des Umsatzsteuergesetzes
unlawful	rechtswidrig
unlimited tax liability	unbeschränkte Steuerpflicht
unwarranted deductions	ungerechtfertigter Vorsteuerabzug
usurer	Wucherer, Preistreiber
usury	Wucher
utilization	Verwendung, Benutzung, Nutzung
(to) utilize	verwenden, benutzen, nutzen

V

vacant lot (US)	unbebautes Grundstück
valid	gültig, rechtswirksam
validity (of a VAT-identification number)	Gültigkeit (einer UID-Nummer)

Valuation Act	Bewertungsgesetz
valuation, methods of	Bewertungsmethoden, Bewertungsregeln
value, book	Buchwert
value, cash	Barwert
value, present	Barwert
VAT (i. e. Value Added Tax)	Umsatzsteuer, Mehrwertsteuer
VAT-audit	Umsatzsteuernachschau
VAT-office (UK)	Umsatzsteuerfinanzamt
VAT-return	Umsatzsteuererklärung
vehicle tax	Kraftfahrzeugsteuer
vendor	Verkäufer
venue	Austragungsort einer Veranstaltung, Treffpunkt; Gerichtsstand, Verhandlungsort; örtliche Zuständigkeit
verdict	Verurteilung, Urteil (gerichtlich)
verdict of not guilty	Freispruch
(to) verify a VAT-identification number	eine UID-Nummer bestätigen
vested benefits	wohlerworbene Rechte
vested interest	persönliches oder wirtschaftliches Interesse
VIES (Value Added Tax Information Exchange System)	MIAS = Mehrwertsteuer-Informations-Austauschsystem

(to) violate	verletzen
violation	Verletzung (einer Regel)
virtue, by . . . of (law)	kraft (Gesetzes)
visit on the premises	Prüfung im Betrieb
vocation	Beruf, Berufung (nicht im Sinne eines Rechtsmittels), Neigung, Eignung
vocational	Berufs-, beruflich
vocational training	Berufsbildung, Berufsausbildung
void	ungültig (juristisch)
void contract	nichtiger Vertrag
voidability	Anfechtbarkeit
voidable	anfechtbar
voucher	Beleg, Unterlage, Buchungsunterlage; Gutschein

W

wage	Lohn
wage tax	Lohnsteuer
(to) waive (a claim)	(auf einen Anspruch) verzichten
waiver	Verzicht, Verzichtserklärung
warrant	Haftbefehl
warrant of arrest	Haftbefehl

warrant of execution	Pfändungsauftrag
warranty	Gewährleistung
wastage	Schwund
Western European Union (WEU)	Westeuropäische Union (WEU)
white collar crime	Wirtschaftsverbrechen
wholesale trade	Großhandel
wholesale trader, -dealer	Großhändler
wilful	vorsätzlich
wilful misconduct	vorsätzliches Fehlverhalten
(to) wind up (an enterprise)	ein Unternehmen liquidieren
with intent	vorsätzlich
(to) withdraw	widerrufen
withdrawal	Abhebung, Entnahme
withdrawal from attempt	Rücktritt vom Versuch
withholding tax	Abzugssteuer, Quellensteuer
witness	Zeuge
witness for the defence	Entlastungszeuge
witness for the prosecution	Belastungszeuge
work council	Betriebsrat (als Körperschaft)
(to) work solo	selbständig arbeiten; Betriebsprüfungen selbständig durchführen
working group	Arbeitsgruppe
write-down	Abschreibung (für abnutzbare Wirtschaftsgüter), teilweise

(to) write down	(abnutzbare Wirtschaftsgüter) teilweise abschreiben
write-off	Abschreibung (für abnutzbare Wirtschaftsgüter), vollständige
(to) write off	(abnutzbare Wirtschaftsgüter) vollständig abschreiben
(to) write off irrevocable debts	uneinbringliche Forderungen abschreiben
written opinion	schriftliche Stellungnahme
written order	schriftlicher Prüfungsauftrag
written procedure	schriftliches Verfahren

X

xenophobia	Fremdenfeindlichkeit, Ausländerfeindlichkeit
xenophobic	fremdenfeindlich, ausländerfeindlich

Y

Yankee bonds	Anleihen ausländischer Emittenten am US Kapitalmarkt
year, budgetary	Haushaltsjahr
year of the last tax audit	letztgeprüftes Jahr
yield of a tax	Ertrag einer Steuer

Z

zero-coupon bonds	Zerobonds, Nullkupon-Anleihen
zero rate	Nullsteuersatz
zero rated	von der Mehrwertsteuer befreit
zero rating	Mehrwertsteuerbefreiung

Deutsch – Englisch

A

(Ab-)Änderung (Recht, Gesetz)	derogation, amendment
Abfertigungsanspruch	entitlement to severance pay(ment)
Abfertigungsrücklage	severance allowance, termination indemnity accrual, separation allowance
Abfertigungszahlung	termination indemnity pay(ment), separation allowance pay(ment)
Abfindung	indemnity, indemnification
Abfindungssumme	indemnity
Abgabenerhebung	tax collection
Abgabengutschrift	tax refund
Abgabennachsicht	tax remission
Abgabenschuld	tax claim
Abgabenverkürzung, fahrlässige	tax evasion by negligence
Abgabepflichtiger, Steuerzahler	tax payer
Abgabetermin (Steuererklärung)	due date
abgeben, eine Steuererklärung	to file one's tax return
Abgeordneter zum Europäischen Parlament	Member of the European Parliament (MEP)
Abgleichung (von Daten)	matching (of data)
abgrenzen, Einkünfte	to defer income

Abhebung (Konto)	withdrawal
Abholung von Gütern	collection of goods
Abhörgerät, Abhörvorrichtung	bugging device, surveillance device
Ablaufdatum	expiry date
ablaufen	to expire
ablegen (Akt etc.)	to file
Abnahme (Schwund)	shrinkage
abnutzbares Anlagevermögen	depreciable fixed assets
Abnutzung, außergewöhnliche wirtschaftliche oder technische	economic or technical obsolescence
Absatz	paragraph, section
abschließen, einen Vertrag	to make, conclude, enter into, complete a contract
Abschöpfung (Zoll)	levy
Abschreckung	deterrence
abschreiben (abnutzbare Wirtschaftsgüter)	to deduct as a depreciation, to depreciate
abschreiben, teilweise (abnutzbare Wirtschaftsgüter)	to write down
abschreiben, uneinbringliche Forderungen	to write off irrevocable debts
abschreiben, vollständig (abnutzbare Wirtschaftsgüter)	to write off
Abschreibung (für abnutzbare, körperliche Wirtschaftsgüter)	depreciation, write-off, write-down (for tangible assets)

Abschreibung (für immaterielle Wirtschaftsgüter)	amortization (for intangible assets)
Abschreibung (für Substanzverlust)	depletion (for natural resources)
Abschreibung, degressive	declining-balance depreciation
Abschreibung, lineare	straight-line depreciation
Abschreibung, normale	normal depreciation
Abschreibung, vorzeitige	accelerated depreciation
absetzen von	to deduct
Absetzposten	deduction item, deduction
Absetzung für Abnutzung (AfA)	allowance for depreciation
absichern	to protect, to provide security for
Absicht, betrügerische	fraudulent intent
Absprache, geheime	collusion
Abstimmung (von Daten)	matching (of data)
Abteilung (in einem Ministerium)	division
Abtretung, Übertragung	assignment
abwickeln	to conduct
Abzeichen	badge
Abzinsung	discount
Abzug von Aufwendungen (bei Ertragsteuern)	deduction
abzugsfähiger Teil	deductable proportion
Abzugssteuer	withholding tax
Agrarpolitik, Gemeinsame	Common Agricultural Policy (CAP)

A

Akkreditiv	letter of credit
Akt	file, folder (nur UK)
Akten	records
Akten, zu den ... nehmen	to file
Aktenstudium	study of file
Aktenvermerk	minutes
Aktie	stock, share
Aktiengesellschaft (AG)	public company limited by shares (UK), stock corporation, joint stock company
Aktionär	shareholder, stockholder
Aktiva (Bilanz)	assets
aktive Rechnungsabgrenzung	prepaid expenses
aktives Herangehen an eine Sache	proactive approach
aktivierte Eigenleistung	own costs capitalized
Alkoholabgabe	alcohol tax
Alkoholschmuggel	bootlegging
Alkohol schmuggeln oder unerlaubt herstellen	to bootleg
Alkoholschmuggler	bootlegger
Allgemeines Zoll- und Handelsabkommen	General Agreement on Tariffs and Trade (GATT)
Altersfreibetrag	age allowance
amtlich anerkannt	officially recognised
amtlich anerkannter Sachverständiger	officially recognised expert

Amtsbetriebsprüfung	control unit for small traders, audit unit for small traders
Amtsblatt	Official Journal
(zwischenstaatliche) Amtshilfe	mutual assistance, administrative cooperation
Amtsvermerk	minutes
anerkennen, eine Forderung	to allow a claim
anfangen	to commence
anfallen	to accrue
anfechtbar	voidable
Anfechtbarkeit	voidability
Anfechtung	avoidance
Anfrage	request, query
Angabe, falsche	false statement
Angeklagter (auch im Steuerverfahren)	defendant
angemessen	appropriate
Angestellter, Bediensteter	employee
Anhang	rider
anhängig	pending
Anhörung, Verfahren der	consultation procedure
Anklage	prosecution
Anklage erheben (gegen jmd. wegen)	to indict, to prosecute (somebody for)
Anklageerhebung	prosecution
Anklageschrift	indictment
Anklagevertretung	prosecution

ankündigen, eine Prüfung	to announce an audit (or a visit)
Anlage (= Beiblatt)	rider
Anlagevermögen	fixed assets, capital assets
Anlagevermögen, abnutzbares	depreciable fixed assets
Anlagevermögen, bewegliches	movable fixed assets
Anlaufkosten	running-in expenses (UK), start-up expenses (US)
Anlaufverluste	start-up losses
Anleihe	bond
Anleihen ausländischer Emittenten am US Kapitalmarkt	Yankee bonds
Anmeldeformular	nomination form
Annahme (Empfang, Erhalt)	receipt
annehmen, als erwiesen	to regard as established
anonyme Anzeige	anonymous denunciation, anonymous information
anordnen (Gericht, Verwaltungsbehörde)	to decree
Anwaltsassistent	paralegal (US)
Anreiz	incentive
Anreize, steuerliche	tax incentives
Anreizeffekte	incentives
Anschaffungskosten	cost (of acquisition)
Anschaffungswertprinzip	historical cost accounting
Anschuldigungen erheben, unbewiesene	to allege

Ansporn	incentive
anspornend	incentive
Anspruch	claim
Anspruch auf Steuerbefreiung	entitlement to exemption
Anspruch, verjährter	claim barred by limitation
Ansprüche geltend machen (auf)	to claim, make claims (to)
anstiften (Strafrecht)	to instigate, to solicit (US), to abet, to encourage
Anstiftung (Strafrecht)	instigation, solicitation (US), encouragement; bei Meineid: subornation
Anstiftung zum Meineid	subornation of perjury
Anteil	share
Anteil am Gesellschaftskapital	stock
antizipativ	accrued
antizipativer Rechnungsabgrenzungsposten	accrued item
Antrag (auf)	application (for)
Antrag (bei Gericht)	motion
Antrag stellen	to propose a motion
anwenden	to apply
(die) Anwendung von Gesetzen oder Regeln	application of laws or rules
Anwendungsbereich	scope, application
Anwendungsbereich, territorialer	territorial application

Anzahlung	deposit, down payment
Anzeige	report
Anzeige, anonyme	anonymous denunciation, anonymous information
Anzeige erstatten	to press charges against
anzeigen, jemanden bei Gericht	to take someone to court
anzuwendender Steuersatz	applicable rate
Arbeit an einem (Prüfungs-)Fall	case work
arbeiten, selbständig	to work solo
Arbeitsgruppe	working group
Arbeitsleistung	performance
(Bewertung/Würdigung der) Arbeitsleistung	performance assessment
(Überwachung der) Arbeitsleistung	performance monitoring
arbeitslos	unemployed, jobless
(der/die) Arbeitslose	unemployed
Arbeitslosigkeit	unemployment
Arbeitsplatz	job
ARGE	joint venture
arithmetisches Mittel	arithmetic mean
Arrest	detention
Artikel 5-Anfrage (MIAS)	article 5 query, article 5 request
auffällige Fälle	striking cases
Aufgabengebiet	area of responsibility
aufheben	to cancel

auflaufen	to accrue
Auflösung von Rücklagen	reversal of reserves, release of reserves
aufrechnen gegen	to set off against
Aufrechnung	clearing, setoff (set-off)
(Zahlungen) aufschieben	to defer (payment)
Aufsicht	supervision
Aufsichtsbehörde	supervisory board, supervisory authority, inspectorate
Aufsichtsrat	supervisory board
aufstellen, eine Behauptung	to make an assertion
Aufstellung (von Daten)	spreadsheet
Auftraggeber	principal
Auftraggeber, ausländischer	foreign customer
Aufwand (Buchhaltung, Ertragsteuer)	expenditure
Aufwendungen	disbursements, expenses, expenditures
Aufwertung (Wirtschaftsgüter)	appreciation; revaluation (Währung)
(Bücher und) Aufzeichnungen	books and records
Augenschein	evaluating (the) evidence on the spot, inspection
(Beweis durch) Augenschein	evidence by inspection
Ausbildungsprogramm, gemeinsames	common training programme

Ausfuhrbestätigung	export certificate
Ausfuhrumsätze	export deliveries, export supplies
Ausgaben-Einnahmen-Rechnung	cash method of accounting
aushandeln	to bargain
Auskunftsstelle (in einem Finanzamt)	inquiries section (UK: Customs & Excise)
Auskunftsverlangen (Amtshilfe)	request for information
auslagern (Tätigkeiten auf andere Unternehmen oder Institutionen)	to outsource
Ausländer in ein Land einschmuggeln	to bootleg aliens into a country
ausländerfeindlich	xenophobic
Ausländerfeindlichkeit	xenophobia
ausländische Steuerquellen	foreign sources of income
auslassen	to omit
Auslassung	omission
auslegen, ein Gesetz	to interpret a law
Auslegung (Recht, Gesetz)	interpretation
ausliefern (jemanden)	to extradite (somebody)
Auslieferung	extradition
Auslieferungsvertrag	extradition treaty
Aussage	statement, evidence, testimony
aussagen, als Zeuge oder Sachverständiger	to testify

aussagen, eine Aussage machen	to make a statement, to testify
Aussageverweigerungsrecht	right against self-incrimination
Aussageverweigerungsrecht eines Ehegatten	marital privilege
Ausschluß, völliger oder teilweiser des Vorsteuerabzuges	total or partial exclusion of the (right of) deduction
Ausschuß	committee
Ausschuß der Ständigen Vertreter (COREPER)	Committee of Permanent Representatives (COREPER)
Außendienst	field service
Außenministerrat	foreign affairs Council, general affairs Council
Außen- und Sicherheitspolitik, Gemeinsame (GASP)	Common Foreign and Security Policy (CFSP)
außerordentliche Einkünfte	extraordinary income
außerordentliche Erträge	non-operating income
Austragungsort (einer Veranstaltung)	venue
Ausweg	resort
(Dienst-)Ausweis	credentials, identity card
(sich) ausweisen (mit Dienstausweis)	to present the credentials
Auswertung	evaluation
Auswirkungen	implications

B

Bandbreite für den Fremdpreis	arm's length range (OECD-Verrechnungspreise)
Bankgarantie	bank guarantee
Bankkredit	bank loan
bankrott	bankrupt
bankrott sein	to be bankrupt
(der) Bankrott	bankruptcy
Barkassa	petty cash
Barwert	cash value, present value
Baugewerbe	construction sector
Baustelle	building site (UK), building lot (US)
Beamte in Leitungsfunktionen	officials with directing responsibilities
Beamter	civil servant, official
be- und verarbeitete Güter	processed goods
Beaufsichtigung, Beobachtung	supervision, invigilation (UK)
Bedeutung, innewohnende	implication
Bediensteter, Angestellter	employee
Bedingung	condition, stipulation
Bedürftigkeit (Notlage)	distress
beeidete, schriftliche Erklärung	affidavit
(eine) beeidete, schriftliche Erklärung entgegennehmen	to take an affidavit

Beeinflussung, unzulässige	undue influence
befangen (sein)	(to be) biased, prejudiced
Befangenheit	prejudice
Beförderung (Personen, Güter)	conveyance, transport, transportation
Beförderungsstrecke, nach Maßgabe der zurückgelegten ...	with regard to the distances covered
Befragung	questioning
befreit, von der Mehrwertsteuer	zero rated
Befreiungsmethode mit Progressionsvorbehalt	exemption method with progression
Befugnis	authority
begehen, eine strafbare Handlung	to commit an offence
beginnen	to commence
Beglaubigung	attestation
begleichen	to honour (UK), honor (US)
begleichen, einen Wechsel	to honour a bill
Begrenzung	limitation
begründet (rechtlich)	legally founded, justified
Behauptung	allegation, assertion
(eine) Behauptung aufstellen	to make an assertion
(eine) Behauptung widerlegen	to refute an assertion
behaupten	to allege, assert, claim
Beherbergung	accommodation

B

Behörden	authorities
beifügen	to enclose
Beihilfe (Unterstützung, Subvention)	subsidy
Beilage	enclosure, insertion, insert (US)
beilegen	to enclose
Beitragsanalyse	contribution analysis (OECD-Verrechnungspreise)
Beitreibungsrichtlinie	recovery directive (Nr. 76/308 EWG)
beitreten, einem Prozeß	to intervene
Beitrittsvertrag	accession treaty
bekämpfen	to combat, to fight
bekämpfen, die Steuerhinterziehung	to combat tax fraud
bekämpfen, ein Problem	to counter a problem
Bekanntmachung	dissemination
bekennen, sich (nicht) schuldig	to plead (not) guilty
Beklagter	defendant (auch im Finanzstrafverfahren)
belasten	to charge
belastendes Beweismaterial	evidence for the prosecution
Belastungszeuge	witness for the prosecution
Beleg	voucher
belegen	to substantiate

belegen, mit einer Steuer	to impose a tax on
Belegschaft	personnel, staff
belehren, jemanden über seine Rechte	to caution someone
Bemessungsgrundlage	basis of assessment, taxable base
(einen Steuersatz auf eine) Bemessungsgrundlage (anwenden)	(to apply a tax rate on a) basis of assessment
benutzen	to utilize
benutzen, zu wenig	to underutilize
Benutzung	utilization
Benutzung, zu geringe	underutilization
Beobachtung, Beaufsichtigung	invigilation (UK), supervision
Beratender Ausschuß für die Eigenmittel der Gemeinschaft (ACOR)	Advisory Committee on the Communities' Own Resources
berechnen (eine Steuer)	to calculate (a tax)
berichtigen	to adjust
Berichtigung	adjustment
(unter) Berücksichtigung von	having regard to, with regard to, considering
berufen	to appeal
beruflich, Berufs-	vocational
Berufsausbildung	vocational training
Berufsausbildung, praktische	training on job
Berufung (im Sinne einer Ernennung)	appointment

B

Berufung (Neigung, Eignung, nicht im Sinne eines Rechtsmittels)	vocation
Berufung (Rechtsmittel)	appeal
Berufungs-	appellate
Berufungsfrist	deadline for appeal
Berufungsverfahren	appeal procedure
Berufungsvorentscheidung	preliminary appellate decision
Beschäftigung	employment
Beschäftigungsstand	employment level
(zu) beschattende Person	target
Beschattung	surveillance
Beschattung, mobile	mobile surveillance
Beschattung zu Fuß	footman surveillance
Bescheid (Steuer)	formal notice of assessment, assessment notice
bescheinigen, den Empfang	to receipt
(mit) Beschlag belegen, Waren	to distrain on goods
Beschlagnahme	seizure, confiscation, distress (zur Sicherung von Steuernachforderungen)
Beschlagnahme (des Vermögens eines Schuldners)	sequestration
Beschlagnahme, unterliegen der	to be subject to distress
Beschlagnahmeanordnung (für Wertgegenstände, Vermögensgegenstände)	confiscation order (for assets)

beschlagnahmen	to seize, to confiscate
beschränkt Steuerpflichtiger	non-resident taxpayer
beschränkte Steuerpflicht	limited tax liability
Beschränkung	limitation
Beschränkung, richterliche	restraint order (US)
beschuldigen	to charge (with) accuse (of)
Beschwerde (Rechtsmittel)	appeal, complaint
Beschwerdeführer	appellant, complainant
(in) Besitz nehmen (bewegliche Sachen als Sicherheit für die Bezahlung einer Schuld ohne Gericht)	to distress, to distrain (on)
Bestandsaufnahme	stock taking (US)
Bestandsveränderung	decrease or increase of inventory
bestechen	to bribe
Bestechung	bribery
bestellen	to appoint
Bestellung	appointment
besteuern	to tax
besteuern, rückwirkend	to tax retroactively
Besteuerungszeitraum	tax period
bestimmen	to decree
Bestimmung (steuerliche)	(tax) regulation
Bestimmungen	provisions
Bestimmungsland	country of destination
Bestimmungsort (Ziel)	destination

Beteiligung, Recht an	interest in
Beteiligungsgesellschaft	affiliate
Betragen	conduct
Betrieb, Unternehmen	concern, plant
Betrieb, Prüfung im ...	audit on the premises
Betriebsanlage	plant
Betriebsausgabe	business expenses
Betriebsausstattung	equipment
Betriebs- und Geschäftsausstattung	furniture and fixture
Betriebsgewinn (aus dem eigentlichen Geschäftsbetrieb)	operating profit
Betriebsprüfer	tax inspector, revenue agent (US), assurance officer (UK, bürgernahe)
Betriebsprüfung	(tax) audit
Betriebsprüfungsgruppe	district (UK, Customs and Excise)
Betriebsrat, (Betriebsratsvorsitzender) (Person);	shop steward
Betriebsrat (Körperschaft)	works council
Betriebsratsfonds	shop-steward fund
Betriebsstätte (Zweigstelle)	branch, permanent establishment
Betriebsverlust (aus dem eigentlichen Geschäftsbetrieb)	operating loss
Betriebsvermögensvergleich	net-worth comparison

Betrug	fraud
Betrug durch ungerechtfertigte Rückforderung von Mehrwertsteuer	repayment fraud (VAT)
betrügen	to deceive (civil law)
Betrüger	fraudster
betrügerisch	fraudulent
betrügerische Absicht	fraudulent intent
betrügerische Krida	fraudulent insolvency, criminal insolvency
beurteilen	to evaluate
Bewährung (Strafrecht)	probation
(jemanden auf) Bewährung verurteilen	to sentence somebody on probation
Bewährungsfrist, Strafe mit ...	suspended sentence
beweglich	movable
bewegliche körperliche Wirtschaftsgüter	movable tangible property (or: assets), tangible movables
bewegliches Anlagevermögen	movable fixed assets
Beweis	proof, evidence
Beweis antreten	to discharge the burden of proof, to submit evidence
Beweis aufnehmen	to take evidence
beweisbar	provable
beweisen	to prove

Beweislast	burden of proof
Beweislastregel	allocation of the burden of proof
Beweismaterial	evidence
Beweismaterial, belastendes	evidence for the prosecution
Beweismaterial, entlastendes	evidence for the defence (UK)/defense (US)
Beweismittel	proof, evidence
Beweismittelsicherung	safeguarding of evidence, safekeeping of evidence
Beweismittelverbot	evidence not allowable in court
Beweisregeln	rules of evidence
Beweiswürdigung	evaluation of evidence
Beweiswürdigung, freie	discretionary rules of evidence
Bewerber	applicant
Bewerbung	application
bewerten	to evaluate
Bewertung	assessment, evaluation
Bewertung, einer Arbeitsleistung	performance assessment
Bewertungsgesetz	Valuation Act
Bewertungsmethoden	methods of valuation
Bewertungsregeln	methods of valuation
Bewertungssystem	evaluation system
bezahlen, eine Rechnung	to settle an account

bezeugen	to testify
Bezugskosten	delivery costs, delivery expenses
Bilanz	balance sheet
Bilanzkennziffern	balance sheet ratios
Bilanzposten	balance sheet item
Bilanzstichtag	balance sheet date
Billigkeit	equity
Binnenmarkt	Single Market
blanko unterschreiben	to sign in blank, to sign a blank document
Bon	chit
Börsengeschäft	bargain
BP-Bericht	auditing report
Branche	trade sector, branch, line of business
branchenorientierter Aufbau (Organisation) der BP	sectoral approach
Brancheninformation	trade profile
Branchenkennzahl	trade class number (UK)
Brandstifter	arsonist
Brandstiftung	arson
Briefgeheimnis	privacy of correspondence
Briefkastenadresse	accommodation address
Briefkastenfirma	letterbox company, brassplate company
Britische Steuerverwaltung für direkte Steuern	Inland Revenue (IR) (UK)

Bruttoeinnahmen	gross takings
Bruttogewinn	gross profits (OECD-Verrechnungspreise)
Bruttogewinnspanne	gross profit margin
Bruttoinlandsprodukt (BIP)	gross domestic product (GDP)
Bücher fälschen	to manipulate the accounts
Bücher und Aufzeichnungen	books and records
Buchführungssystem, doppeltes	double entry system
Buchhaltung, Buchführung	accounting, accounting system, bookkeeping
Buchungsschluß	closing the books
Buchungsunterlage	voucher
Buchwert	book value
Bundesabgabenordnung (BAO)	Federal Fiscal Procedures Act
Bundes-Arbeitslosenversicherungsbeitrag (US)	FUTA tax (Federal Unemployment Tax Act) (US)
Landesregierung (in Österreich)	regional government
Bundesland (in Österreich)	federal state
Bundesrat (Österrreich)	Council of States
Bundes-Sozialversicherungsbeitrag (US)	FICA tax (Federal Insurance Contribution Act) (US)
Bundessteuerbehörde (US)	Internal Revenue Service (IRS) (US)

Bürge (für eine fremde Schuld)	surety
Bürgerbeauftragter	Ombudsman
Bürgerfreundlichkeit (der Verwaltung)	customer's approach (in administration)
Bürgschaft	guarantee, guaranty
Bürobedarf	stationery
Bürobedarf, Gegenstände	stationery items

C

charakteristisches Kennzeichen	characteristic feature
Chartergesellschaft	charter company, charter operator
Chartervertrag (Urkunde über)	charter party
CIF-Preis (Kosten, Versicherung, Fracht)	cif-price (cost, insurance, freight)
Computerbetrug	computer fraud
computergestützte Verknüpfung von Daten und Informationen (zur Fahndung)	(computer based) analysis
computergestütztes Lernen	computer based training
Containerverkehr	container transport
Courtage (Maklergebühr)	brokerage, broker's commission

D

Darlehen	loan
Darlehensgeber	lender
Daten eingeben, erfassen (Computer)	to key in data
Datenaustausch, elektronischer	electronic data interchange (EDI)
Datenbank (EDV)	database
Datenerfassung	capture of data
Datenschutz	data protection
Datenschutz-Gesetzgebung	data protection legislation
dauerhaft	continuous
DBA-Erbschaftsteuern	inheritance tax treaty
Deckblatt (FAX)	header, cover sheet
degressive Abschreibung	declining-balance depreciation
Delikt, fortgesetztes	repeated offence
Denunziant	informer
Deponieabgabe (Ökosteuer)	landfill tax (UK)
Depot	deposit
Devisenkontrolle	exchange control
Devisenpolitik	exchange policy
Dienstabzeichen	badge
Dienstaufsicht	supervision
Dienstleistungen	supply of services
Dienstleistungen erbringen	to provide services
Dienstleistungsverkehr, freier	free movement of services

Dienstvorschrift	administrative regulation
direkte Kosten	direct costs (OECD-Verrechnungspreise)
Disagio	discount
Diskriminierungsverbot	non discrimination clause
Dokumentenmappe	clip-board
dolos (vorsätzlich)	intentional
dolus directus (Vorsatz)	direct intent
dolus eventualis (Vorsatz)	eventual intent
Doppelbesteuerungsabkommen (DBA)	tax treaty
doppeltes Buchführungssystem	double entry system
Dotierung von Rücklagen	provisions to reserves, additions to reserves
Dreiecksgeschäft (USt)	triangulation, triangular transaction
dubiose und uneinbringliche Forderungen	bad debts
dulden	to tolerate
Duldung (UStG)	toleration
durchführen	to conduct
(die) Durchführung (einer Betriebsprüfung)	undertaking or conduct (of an audit)
Durchführung (Vollzug, Inkraftsetzen)	implementation
Durchschnitt	average
Durchschnittspreisverfahren, gleitendes	moving average basis

Durchsetzung von Recht und Gesetz	law enforcement
Durchsuchung	search
Durchsuchungsbefehl	search warrant

E

echte stille Gesellschaft	typical silent partnership
EDV	EDP (electronic data processing)
Eid	oath
Eid, unter . . . stehen	to be under oath
eidliche, mündliche Zeugenaussage	deposition
Eigenkapital	equity capital, net worth (US)
Eigenmittel (der Gemeinschaft)	own resources
Eigentum an	ownership of
Eigentumsrecht	ownership
Eigentumsübergang	transfer of ownership
Eigenverbrauch	application of goods for non-business purposes, own consumption
Eignung (Neigung, Berufung)	vocation
einberufen (eine Sitzung)	to convene (a meeting)
Einberufung	convening order

Einbringung von Steuerschulden	recovery of tax debts, bürgerfreundlich: debt management (UK)
Einbringungsstelle	debt management unit (UK)
Einfuhr von Gütern	importation of goods
Einfuhrumsatzsteuer	tax on importations
Einführung	implementation
Einführungslehrgänge	initial training courses
Eingabe (begründete)	(reasoned) submission
eingeben (Daten, Computer)	to key in data
eingeschriebener Brief	registered letter
Einheitliche Europäische Akte (EEA)	Single European Act (SEA)
Einheitswert	assessed value
Einkommen	income
Einkommen, laufendes	regular income
Einkommen nach Steuern	after-tax income
Einkommen vor Steuern	pretax income
Einkommen, zu versteuerndes	taxable income
Einkommensteuer	income tax
Einkünfte	revenue, income, earnings
Einkünfte abgrenzen	to defer income
Einkünfte aus nichtselbständiger Arbeit	income derived from employment
Einkünfte, außerordentliche	extraordinary income

Einkunftsart, Einkunftsquelle	source of income
Einlage (in eine Gesellschaft)	contribution
Einleitungsbescheid	formal decision to start a criminal tax procedure
Einnahmen	revenue
Einnahmen-Ausgaben-Rechnung	cash method of accounting
einordnen	to file
einreichen (bei)	to file (with), to submit
Einrichtung, nützliche	amenity
einschließen	to comprise
Einschreibebrief	registered letter
einseitig	unilateral
Einsicht nehmen	to inspect
Einsicht in Unterlagen nehmen	to review
einstweilige Verfügung	court order, injunction, restraint order (US)
Eintragungsgebühren	registration duties
eintreiben, eine Schuld	to collect a debt
Einvernahme	interrogation, questioning
einvernehmen, Zeugen	to hear witnesses
(sich) einverstanden erklären	to consent, to agree
Einzelauswahl (händisch)	(manual) individual selection, particular selection
Einzelhandel	retail sector, retail trade

Einzelunternehmen (UK)	sole trader enterprise, sole tradership
Einzelunternehmen (US)	individual proprietorship
elektronischer Datenaustausch	electronic data interchange (EDI)
Empfang	receipt
(den) Empfang bescheinigen	to receipt
Empfänger	recipient
Empfangsbestätigung, Empfangsschein	receipt
Empfehlung	recommendation
Empfehlung der Kommission	Commission Recommendation
endgültig	conclusive
(das) endgültige System der Mehrwertsteuer	definitive regime of VAT, common system of VAT
Endverbraucher	final consumer
Entgegennahme (von Waren)	receipt
entgegentreten, einem Problem	to counter a problem
Entgelt, Gegenleistung	consideration
enthalten	to comprise, to include
entlastendes Beweismaterial	evidence for the defence
Entlastungszeuge	witness for the defence
Entnahmen	drawings, withdrawals
Entrichtung der Steuern	payment of taxes
Entschädigung	indemnity, indemnification

Entschädigungsbetrag	indemnity
entscheidend	conclusive
Entscheidung	decision
Entscheidung (EuGH)	ruling
Entscheidung der Kommission	Commission Decision
Entscheidung des Rates	Council Decision
Entscheidungsverfahren	decision-making procedures
Entstehen der Steuerschuld	the tax becoming chargeable
entwerfen	to draft
Entwicklung	development
Entwicklungskosten	development costs
Entwurf, Konzept	draft
Erbe/Erbin	heir/heiress
Erbringung von (sonstigen) Leistungen	supply of services
Erbschaftsteuer	inheritance tax, death duty
erdichtete (nichtexistente) Forderung	bogus claim
erfassen (Daten)	to key in data
Erfassung (von Daten)	capture (of data)
Erfassung, steuerliche (zur Mehrwertsteuer)	registration (for VAT)
erfüllen, einen Vertrag	to fulfill a contract (US), to fulfil . . . (UK)
erfüllen, Erwartungen	to meet expectations
ergänzend	supplementary
Erhalt (Empfang, Annahme)	receipt

erhalten, erlangen	to obtain
erheben, eine Steuer im voraus	to levy a tax in advance
Erhebung von Abgaben	tax collection
Erhebungen (im Sinne von § 143 BAO)	inquiries
Erhebungsbeamter	inquiry officer
Erhebungsdienst	inquiry team
erhöhen	to enhance
erhöhte Mitwirkungspflicht	increased obligation to cooperate (with the authorities)
erhöhter Steuersatz	increased rate
Erinnerungswert	reminder value
Erkenntnis, Ergebnis	finding(s)
erlangen, erhalten	to obtain
Erlaß (Rechtsakt der Verwaltung)	administrative provision
Erlaß (interne Verwaltungsanordnung)	decree
ermäßigter Steuersatz	reduced rate
ermäßigter Steuersatz, eine Lieferung fällt unter den . . .	a supply is (made) subject to the reduced rate
Ermessen (in jemandes . . .)	discretion (at one's . . .)
Ermessensmißbrauch	misuse of discretion (or powers)
Ermittlung	inquiry, investigation
Ermittlungsbeamter	investigator

Ermittlungsbeamter der Polizei	police investigator
Ermittlungsverfahren	inquiry procedures
ernennen	to appoint
Ernennung	appointment
Erneuerung eines Kredits	roll-over (of a credit, loan)
erreichen	to attain
Ersatzleistung (für eingetretenen Schaden)	indemnity, damages
Ersatzzustellung	substituted service
erschweren	to aggravate
erschwerend	aggravating
erschwerende Umstände	aggravating circumstances
Ersetzung	replacement
erstatten, eine Strafanzeige	to lodge a complaint (US)
Erstattung von Steuern	tax recover, tax refund
Erstbesuch (erste Kontrolle bei neugegründeten Unternehmen)	first-time control, first-time visit
Erstellung von Gutschriften (UST)	self-billing, self-invoicing (VAT)
erstmaliger Straftäter, Ersttäter	first offender
Ertrag einer Steuer	yield of a tax
Erträge, außerordentliche	non-operating income
Ertragslage	profit situation
erwachsen	to accrue
Erwartungen erfüllen	to meet expectations
Erwerb von Gütern	the acquisition of goods
Erwerber	purchaser, buyer
Erwerbsteuer	acquisition tax

Europäische Atomgemeinschaft (EURATOM)	European Atomic Energy Community (EURATOM) (EAEC)
Europäische Gemeinschaft für Kohle und Stahl (EGKS)	European Coal and Steel Community (ECSC)
Europäische Währungseinheit	European Currency Unit (ECU)
Europäische Wirtschaftsgemeinschaft (EWG)	European Economic Community (EEC)
Europäischer Fonds für regionale Entwicklung	European Regional Development Fund
Europäischer Gerichtshof (EuGH)	European Court of Justice (ECJ)
Europäische Investitionsbank	European Investment Bank (EIB)
Europäisches Parlament (EP)	European Parliament (EP)
Europäischer Rat	European Council
Europäischer Rechnungshof	European Court of Auditors
Europäischer Sozialfonds	European Social Fund
Europäisches Währungsinstitut	European Monetary Institute
Europäisches Währungssystem	European Monetary System (EMS)
Europäische Zentralbank	European Central Bank
EWR-Vertrag	European Economic Area (EEA) Agreement
Exekutionsfall	enforcement case
Existenz	livelihood
Expertise	expertise

F

Fabrik, Fabriksanlage	plant
Fachministerrat	technical Council
Fahnder, (Steuer-)	(tax) investigator
Fahndung	investigation (unit)
Fahndungsbeamter, der den zu Überwachenden im Auge behält	„eyeball" (UK slang)
Fahndungsmaßnahmen	investigative activities
fahrlässig	negligent
fahrlässige Abgabenverkürzung	tax evasion by negligence
fahrlässige Krida	negligent bankruptcy, negligent insolvency
Fahrlässigkeit	negligence
Fahrlässigkeit, grobe	gross negligence
Fahrlässigkeit, leichte	minor negligence
Fahrtenbuch	log book
fairer Wettbewerb	fair competition
Faktura, Rechnung	invoice
Fakturierung	billing
Fall	case
Fälle, auffällige	striking cases
Fälle, gerichtszuständige	cases under the jurisdiction of a court
fällig werden	to mature, to (become) due
Fälligkeit	maturity date

144

Fälligkeit der Steuer	liability for payment of the tax
Fälligkeitstermin	due date
Fälligkeitstermin für die Abgabe einer Steuererklärung	due date for filing one's tax return
Fälligkeitstermin für die Entrichtung von Steuern	due date for payment of taxes
Fallrecht (Gegenteil von Gesetzesrecht)	case law
Fallzuteilung	case allocation, allocation of (audit) cases
falsch	bogus, false
falsche Angabe	false statement
fälschen, Bücher	to fake the accounts
Fälschung	forgery
Fehlbetrag	deficiency
Fehlen	deficiency
Fehlverhalten, vorsätzliches	wilful misconduct
Ferienort	resort
Fertigwaren	finished goods
festnehmen, jemanden	to arrest somebody
festnehmen, jemanden vorübergehend	to detain somebody
Feststellung (bei einer BP)	finding(s)
Feststellung der Steuerschuld	to establish the amount of tax payable
„Fetzenbranche" (Textilbranche)	rag trade (UK, Slang)

Filiale	branch, affiliate (US)
Finanzamt	(local) tax office
Finanzamt, zuständiges	competent tax office
Finanzamtsvorstand	head of a local tax office
Finanzamt für Körperschaften	corporation tax office
Finanzausgleich (Bund – Gebietskörperschaften	financial equalization, revenue equalization
Finanzlandesdirektion	regional (fiscal) directorate
Finanzminister (britischer)	Chancellor of the Exchequer
Finanzministerium (amerikanisches)	Department of the Treasury (US)
Finanzministerium (britisches)	Treasury (UK)
Finanzordnungswidrigkeit	petty tax offense (US)
Finanzstrafe	fiscal penalty
Finanzstrafverfahren	penal procedure
Firma	trade name, firm name
Firmenbuch	the Registrar of Companies (UK), commercial register
Firmenwert	going concern value (Ertragsteuer = derivativer), goodwill (Betriebswirtschaft, Marketing = originärer)
Folgerung	implication
Folien (für Overheadprojektor)	slides
fordern	to claim, to demand

Forderung	amount owing, claim, demand, account receivable
Forderung, erdichtete, nichtexistente	bogus claim
Forderungen, dubiose und uneinbringliche	bad debts
Forderungen, sonstige	sundry receivables
Forderungen, zweifelhafte	doubtful accounts receivable, bad debts
formelles Recht	procedural law, adjective law
Formfehler	formal defect, defect in form
formgerecht	in proper form
Formvorschriften (Verfahrensvorschriften)	procedural requirements
Forschung	research
Forschung und Entwicklung	research and development
Fortbildungslehrgänge	advanced training courses
Fortbildungsveranstaltung zur Vermittlung von Branchenkenntnissen für Außenprüfer	trade class exercises (TCE's) (UK, Customs and Excise)
fortgesetztes Delikt	repeated offence
Fragebogen	questionnaire
Freibetrag	tax exemption (US), allowance
freie Beweiswürdigung	discretionary rules of evidence

freie Gewerbe	free trades
freier Dienstleistungsverkehr	free movement of services
freier Kapitalverkehr	free movement of capital
freier Warenverkehr	free movement of goods
Freiheitsstrafe	imprisonment
freisprechen	to acquit
Freispruch	acquittal, verdict of not guilty
Freispruch mangels an Beweisen	acquittal on account of insufficiency of proof
Freizügigkeit der Arbeitnehmer	free movement of workers / labour
(auf) fremde Rechnung und im eigenen Namen handeln	to act in one's own name but on behalf of another person
fremdenfeindlich	xenophobic
Fremdenfeindlichkeit	xenophobia
Fremdgeschäfte	uncontrolled transactions (OECD-Verrechnungspreise)
fremdvergeben (Tätigkeiten an andere Unternehmen oder Institutionen)	to outsource
(dem) Fremdvergleich entsprechend	at arm's length
Fremdvergleichsgrundsatz	arm's length principle (OECD-Verrechnungspreise)
Frist	time-limit, term

Fristablauf	expiry of a term, expiration of a term
Frühwarnsystem	early warning system
Funktionsanalyse	functional analysis (OECD-Verrechnungspreise)
Fusion durch Neugründung	amalgamation (UK)
Fusion, echte	amalgamation (US), merger
Fusionsvertrag (EU)	Treaty of Merger
für fremde Rechnung	for the account of another person

G

Garant (für eine fremde Schuld)	the surety
Garantie (Bürgschaft)	guarantee (UK), guaranty (US)
Garantie (Gewährleistung für Produkte)	warranty
Gebrauchs (der Ort des)	place of utilization
Gebühren	fees, duties
gebundene Gewerbe	qualified trades
gebundene Rücklage	capital reserve
geeignet	appropriate
(bei) Gefahr im Verzug	in the case of danger ahead, in the case of emergency
gefährden	to jeopardize

Gefälligkeitsrechnung	convenience invoice
gefälscht	counterfeit
gefälschte Waren, Güter	counterfeit goods
Gegenberichtigung	corresponding adjustment (OECD-Verrechnungspreise)
Gegenforderung	setoff (set-off)
Gegenleistung, Entgelt	consideration
Gegenleistung (alles, was den Wert der . . . bildet)	everything which constitutes the consideration
gegenseitig	mutual
Gegenseitigkeit	reciprocity, mutuality
auf Gegenseitigkeit	on mutual terms
Gegenstand des Unternehmens	object of business
Gegenstände des Bürobedarfs	stationery items
(die tatsächliche Übergabe von) Gegenständen	the actual handing over of goods
Gegenüberstellung (Datenübersicht)	spreadsheet
Gegenwert	equivalent
Gehalt	salary
Gehaltserhöhung	salary increase, salary rise
Gehaltsliste (Löhne und Gehälter)	payroll
geheime Absprache	collusion
gelangen zu	to attain
Gelder, Geldmittel	funds

Geldstrafe, Geldbuße	fine
Geldwäscherei	money laundering
Gelegenheitskauf	bargain
Gelegenheitsumsatz	occasional transaction
gelegentlich Umsätze bewirken	to carry out transactions occasionally
gelindere Mittel	considerate action
geltender Steuersatz	applicable rate
Geltendmachung (eines Anspruches)	assertion, claim
Geltung (Anwendung)	the application
Geltungsbereich	scope
Gemeinden	local governments, communities, municipalities
Gemeinkosten	overhead (US), overheads (UK)
gemeinsam	joint(ly), common
Gemeinsame Agrarpolitik	Common Agricultural Policy (CAP)
Gemeinsame Außen- und Sicherheitspolitik (GASP)	Common Foreign and Security Policy (CFSP)
gemeinsame Ziele	common objectives
gemeinsame Zuständigkeit	joint competence
gemeinsame Währung	single currency
Gemeinsamer Zolltarif	Common Customs Tariff (CCT)
gemeinsames Ausbildungsprogramm	common training programme
Gemeinschaftsrecht	Community law

Gemeinschaftsunternehmen (auch: ARGE)	joint venture
genau (übergenau)	meticulous
genaue Prüfung	scrutiny
Generalanwalt (EuGH)	Advocate General
Generaldirektion	Directorate General (DG)
Generaldirektor, Generaldirektorin	Director General
Generalprävention	general prevention
Generalsekretariat	Secretariat General
Generalunternehmer (Bauwesen)	contractor
Generalversammlung	general assembly
Gericht	court
gerichtlich	judicial, by court
Gerichtsbarkeit	jurisdiction
Gerichtsbeschluß	court order
Gerichtshof Erster Instanz (EuGH)	Court of First Instance
Gerichtsstand	venue
Gerichtsurteil, Vollstreckung eines . . .	enforcement of a judgement
Gerichtsvollzieher	bailiff
gerichtszuständige Fälle	cases under the jurisdiction of a court
Gesamtentgelt	aggregate consideration
gesamte steuerliche Auswirkung	overall tax effect
(die Übertragung des . . .) Gesamtvermögens	the transfer of the totality of assets

Geschäft	bargain, business, transaction, deal
Geschäftsausstattung	equipment
geschäftsführender Gesellschafter einer Personengesellschaft	active partner
Geschäftsadresse, an der einer Vielzahl von Unternehmen Domizil gewährt wird (häufig zum VAT-Betrug mißbraucht, UK)	accommodation address
Geschäftsbericht	business report, management report
geschäftsfallbezogene Gewinnmethode	transactional profit method (OECD-Verrechnungspreise)
geschäftsfallbezogene Nettomargenmethode	transactional net margin method (OECD-Verrechnungspreise)
geschäftsfallbezogene Standardmethoden	traditional transaction methods (OECD-Verrechnungspreise)
Geschäftsgeheimnis	trade secret
Geschäftsordnung (einer AG)	by-laws (siehe auch: charter)
Gesellschaft mit beschränkter Haftung	limited liability company
Gesellschaft mit beschränkter Haftung (UK)	private company limited by shares, private limited company
Gesellschaft, von der es nur ein Türschild gibt	brassplate company

Gesellschafter, geschäftsführender einer Personengesellschaft	active partner
Gesellschaftsvermögen	net worth (US)
Gesellschaftsvertrag einer Kapitalgesellschaft	articles of incorporation (USA)
Gesetzesentwurf	draft bill
Gesetzeslücke	loophole
Gesetzesrecht (Gegenteil von Fallrecht)	statutory law
Gesetzesübertretung	offence (UK), offense (US) (of the law)
Gesetzgebung	legislation
Gesetzgebung für mehrere Staaten	cross-border legislation
gesetzliche Vertretung	legal representation
Geständnis	admission, confession
Geständnis, umfassendes	full confession
gestehen	to confess
gestützt auf	having regard to, based upon/on
Gesuch	the application
(der) Getäuschte	the deceived party
Gewährleistung	warranty
Gewerbe, freie	free trades
Gewerbe, gebundene	qualified trades
Gewerbe, handwerksmäßige	crafts
Gewerbesteuer	tax on commercial and industrial enterprises, (municipal) trade tax

gewerbliche Unternehmen	commercial enterprises
Gewinn	profit(s), earnings
Gewinn nach Steuern	after-tax profit, profit after tax
Gewinn, thesaurierter	retained earnings
Gewinn- und Verlustrechnung	profit and loss account, profit and loss statement, income statement
Gewinn vor Steuern	pretax profit, profit before tax
Gewinnaufschlag	mark-up
Gewinnausschüttung	distribution of profits
Gewinnbesteuerung	tax on earnings
Gewinnspanne	margin (of profit)
Gewinnteilungsmethode	profit split method (OECD-Verrechnungspreise)
Gewinnverprobung	mark-up method
Gewinnverteilung	distribution of profits
Gewinnvortrag	profit carried forward
gewogenes arithmetisches Mittel (Mittelwert)	global weighted average
gewonnene Güter	extracted goods
Gläubiger	creditor
Glaubwürdigkeit	credibility
Gleichbehandlung	equity
Gleichgewicht	balance
gleitendes Durchschnittspreisverfahren	moving average basis
globale formelhafte Gewinnaufteilungsmethode	global formulary apportionment method (OECD-Verrechnungspreise)

Grenzgänger	cross-border employee
grenzüberschreitend	cross-border
grenzüberschreitender Güterverkehr	international freight transport
grobe Fahrlässigkeit	gross negligence
Großbetriebsprüfung	control unit for large traders, audit unit for large traders, Large Trader Control Unit (LTCU) (H. M. Customs and Excise, UK)
Großhandel	wholesale trade
Großhändler	wholesale trader, wholesale dealer
Großrechner (EDV)	mainframe
Grundausbildungslehrgänge	general basic training courses
Grundbesitz	real estate
Grundbuch	land register
Grundeigentum	real estate, real property
Grunderwerbsteuer	land acquisition tax, land transfer tax
Grundfreiheiten, vier	Four Freedoms
Grundsätze ordnungsgemäßer Buchführung und Bilanzierung	accounting principles
Grundsteuer	land tax (US), real property tax
Grundstück(e)	real estate

Gründungsurkunde (einer AG)	charter (charter + by-laws = Satzung); in einigen Staaten: certificate of incorporation
Gründungsverträge (EU)	founding treaties
Grundzüge (eines Gesetzes)	key features (of a law)
Gruppenleiter (einer Prüfergruppe)	surveyor (UK, Customs and Excise)
Gruppenleiter (der Steuerfahndung)	Senior Investigation Officer (SIO) (UK, NIS)
gültig	valid
Gültigkeit (einer UID-Nummer)	validity (of a VAT-identification number)
Gutachten	expertise, opinion
Gutachter	consultant
Güter be- und verarbeiten	to process goods
Güter, Erwerb von	acquisition of goods
Güter mit zweifachem Verwendungszweck (zivil + militärisch > Zoll)	dual-use-goods
Guthaben (Steuer)	dormant, credit
Gutschein, Bon	chit, voucher

H

Haftbefehl	warrant, warrant of arrest
Haftung	liability
Handel	bargain, trade
handeln	to bargain

Handelsgesetzbuch	commercial code
Handelsrecht	business law
Handelsregister (Firmenbuch)	commercial register; the Registrar of Companies (UK)
Handelsspanne (Wiederverkaufspreismarge)	resale price margin (OECD-Verrechnungspreise)
Handelsstufe (Einzelhandel, Großhandel)	trade stage (retail, wholesale)
Handelsware	merchandise, commodity
(zu) Handen	(for the) attention of
Händler	trader, merchant, dealer
Handlung	conduct
Handlung (Verpflichtung, eine ... zu unterlassen oder einen Zustand zu dulden)	obligation to refrain from an act or to tolerate a situation
handwerksmäßige Gewerbe	crafts
Hauptbuch	general ledger
Haupttäter	principal (offender)
Hauptversammlung	general meeting, shareholder's meeting
Hausdurchsuchung	raid, search, „knock" (UK, Slang)
Hausdurchsuchungsbefehl	search warrant
Haushaltsjahr	budgetary year
Haustürverkauf, Haustürgeschäft	doorstep selling

Heimfall	reversion
heimlich	covert
das heißt:	i. e. (id est) gesprochen: that is
Hemmung einer Frist	suspension of a term
Herangehen, aktives ... an eine Sache	proactive approach
Herstellungskosten	manufactoring cost(s), production cost(s)
hervorgehen aus	to emanate from
Hilfskraft, juristische	paralegal (US)
Hilfsumsatz	incidental transaction
Hilfs- und Nebentätigkeiten	ancillary services
Hinterlegung, Zustellung durch	service by deposit
Hinterlegungsstelle (Schriftstücke, Post)	depository
(jemanden auf seine Rechte) hinweisen	to caution someone
Höchststrafe	maximum sentence
hoheitlich tätig werden	to act as public authorities
Hoheitsbereichs, eine Leistung im Rahmen des ... erbringen	to engage in activities as public authorities
Hoheitsgewalt	sovereignty
Hoheitsgewalt, Verletzung der	infringement of sovereignty

I

Immobilien	real estate
indirekte Kosten	indirect costs (OECD-Verrechnungspreise)
Indizienbeweis	circumstantial evidence, presumptive evidence
Indossament	endorsement, indorsement
Informant	informer
Informationen zugänglich machen	to share information
Informationserfassung, -beschaffung	intelligence gathering
Inhaber	bearer
Inhaberaktie	bearer share
Inhaberschaft, Innehabung (von Rechten)	ownership of (rights)
Inhaftierung	detention, imprisonment
Inkasso	collection
inländische Steuerquellen	domestic sources of income
Inlandslieferung	domestic transaction
innerbetrieblich	corporate
innergemeinschaftliche Erwerbe	intracommunity acquisitions
innergemeinschaftliche Lieferungen	intracommunity supplies
innewohnende Bedeutung	implication
insolvent	insolvent
Insolvenz	insolvency

instandhalten	to maintain
Instandhaltung	maintenance
intensiv	intensive
Interesse, persönliches oder wirtschaftliches	vested interest
interne Revision	internal revision
Inventur	stock-taking, inventory (US)
Inventurliste	inventory
Investitionsgüter	capital goods, investment goods
irreführen	to deceive (civil law)
Irreführung	deception

J

Jahresarbeitsplan der britischen Zoll- und Verbrauchsteuerverwaltung	Customs and Excise Management Plan (CEMP) (UK)
Journal (Buchhaltung)	journal
Jurisdiktion	jurisdiction
Jurist, Juristin	lawyer
juristisch	juridical
juristische Hilfskraft	paralegal (US)
juristische Person	corporate body, legal entity
juristischer Sachverständiger	legal expert
Justiz	judiciary

K

kameralistische Buchführung	governmental accounting
kämpfen (gegen)	to combat
Kapitalerträge	capital yields
Kapitalertragsteuer	capital yield tax, tax on income from capital
Kapitalgesellschaft, private	corporation (US)
Kapitalverkehr, freier	free movement of capital
Kartell	cartel
Karusselbetrug (meist ein Vorsteuerbetrug über mehrere Mitgliedstaaten der EU)	carrousel fraud
Kassabuch	cashbook
Kassenskonto	cash discount
Käufer	purchaser, buyer
Kaufvertrag	sale contract, contract for sale
Kaution	bond
Kettenprüfung	chain-audit
Kinderfreibetrag	child allowance
Klage, schriftliche	complaint
klagen (auf Schadenersatz)	to sue (for damages)
Kläger	plaintiff
Klausel	stipulation
Kollege	associate
Kollegialitätsprinzip	principle of collegiality

Kommanditgesellschaft (KG)	limited partnership
Kommissar, Kommissarin	Commissioner
Kommission der Europäischen Gemeinschaften	Commission of the European Communities
Kommunalsteuer	municipal tax, poll tax (UK)
kompensierende Berichtigung	compensating adjustment (OECD-Verrechnungspreise)
Kompetenz	competence
konfiszieren	to sequestrate, to confiscate
Konglomeratskonzern	conglomerate (group)
Konkurrenz	competition
Konkurs	bankruptcy
Konkursantrag	petition for bankruptcy
Kontenrahmen	chart of accounts
Kontostand	balance
Kontrolle (i. S. einer steuerlichen Prüfung)	assurance (bürgerfreundlich, UK)
Kontrollmitteilung	control declaration
Konzept, Entwurf	draft
Konzern	group (of undertakings or enterprises)
konzerneigene Versicherungsgesellschaft	captive insurance company
Konzerngesellschaft	affiliate (US), affiliated company

konzerninterne Geschäfte	controlled transactions (OECD-Verrechnungspreise)
körperlich	tangible
körperliche Wirtschaftsgüter, Gegenstände	tangible property
Körperschaft des öffentlichen Rechts	public corporation (UK)
Körperschaft der öffentlichen Wirtschaft	corporation (UK)
Körperschaftsteuer	corporation tax, corporate income tax
Kosten (Preis)	charge, costs
Kosten die entstehen, wenn Bedienstete durch anderwertige Beschäftigung nicht arbeiten (z. B. in der Ausbildung)	lost opportunity cost
Kosten-Nutzen	cost-benefit
Kosten-Nutzen-Analyse	cost-benefit analysis
Kostenaufschlag	cost plus mark up (OECD-Verrechnungspreise)
Kostenaufschlagsmethode	cost plus method (OECD-Verrechnungspreise)
Kostenvoranschlag	quotation
kraft (Gesetzes)	by virtue (of law)
Kraft, mit rückwirkender	with retroactive effect, retroactively
Kraftfahrzeugsteuer	vehicle tax, motor vehicle tax
Kredithai	loan shark

Kreuzverhör	cross-examination
Kreuzverhör, jemanden ins . . . nehmen	to cross-examine somebody
Krida, betrügerische	fraudulent insolvency, criminal insolvency
Krida, fahrlässige	negligent insolvency, negligent bankruptcy
Kriterium der Fallauswahl	criterion of case selection
Kuhhandel	horse trading
kumulative Besteuerung	overlapping of taxes
(einem) Kunden einen Preisnachlaß gewähren	to allow a price discount to a customer
kundenorientierte Verwaltung	customer's approach (in administration)
Kundschaft, Kunde	customer
Kurssicherung	hedging
Kursverlust	capital loss

L

Ladung (Vorladung)	summons
Lagerbestand	inventory
Landesregierung	regional government
langlebige Konsumgüter	consumer durables
laufendes Einkommen	regular income
Leasing	lease
Lebende, Schenkung unter . . .(n)	lifetime transfer

Lebenshaltungskosten	cost of living
Lebensunterhalt	livelihood
leichte Fahrlässigkeit	minor negligence
leichtfertig	reckless
Leichtfertigkeit	recklessness
leisten, einen Meineid	to commit perjury
Leistungen im Rahmen des Hoheitsbereichs erbringen	to engage in activities as public authorities
Leistungen (sonstige, Umsatzsteuer)	services
Leistungsbewertung	perfomance evaluation
Leistungsindikator	performance indicator
Leistungssystem	incentive plan
Leiter/Leiterin (Seminar, Tagung)	chairman, chairperson
Leiter des nationalen Steuerfahndungsdienstes	Chief Investigation Officer (CIO) (UK)
Leiter, stellvertretender, des nationalen Steuerfahndungsdienstes	Assistent Chief Investigation Officer (ACIO) (UK)
Leiter einer Generaldirektion (in Brüssel)	Director General
Leiter einer Prüfergruppe	surveyor (UK, Customs and Excise)
Lernen, computergestütztes	computer based training (CBT)
letztgeprüftes Jahr	year of the last tax audit

Lieferant	supplier
Lieferschein	delivery note
Lieferschwellen (Binnenmarktregelung)	thresholds of supplies
Lieferung (Mehrwertsteuer)	supply (UK), delivery (Irland)
(eine) Lieferung fällt unter den ermäßigten Steuersatz	(a) supply is (made) subject to a reduced rate
Lieferung von Baugrundstücken	supply of building land
lineare Abschreibung	straight-line depreciation
liquidieren (ein Unternehmen)	to wind up (an enterprise)
Lizenzgeber	licenser (UK), licensor (US)
Lizenzgebühr	royalty
Lizenznehmer	licensee
Lizenzvertrag	licence (US: license) agreement
Lohn	wage
Lohnsteuer	salary tax, wage tax, income tax on salaries and wages
Lokalaugenschein	inspection
löschen (einen Abgabepflichtigen)	to deregister (UK)
Löschung (steuerliche) eines Abgabepflichtigen	deregistration (of a trader) (UK)

M

Maastrichter Verträge	Treaties of Maastricht
Machtbefugnisse (einer Behörde)	powers
Maklergebühr	broker's commission, brokerage
Mangel	deficiency
mangels an Beweisen	not proven
Mantelgesellschaft	shell company
Mantelgründung	formation of a shell company
Marge	margin
Marke (Name)	brand
Markenrechte	trade marks
Marktanteil	market share
(nach) Maßgabe der zurückgelegten Beförderungsstrecke	with regard to the distances covered
Maßnahme	measure
Maßnahmen, vorbereitende	preparatory steps
materielles Recht	substantive law
maximieren	to maximise, to maximize (v.a. US)
mehrfache Besteuerung	multiple taxation
Mehrheit, qualifizierte	qualified majority
Mehrphasensystem (der Mehrwertsteuer)	multi-stage system

Mehrwertsteuer	Value Added Tax (VAT) (UK); Goods and Services Tax (Canada)
Mehrwertsteuerakt	folder (nur H. M. Customs and Excise)
Mehrwertsteuerbefreiung	zero-rating
Meineid	perjury
Meineid, einen ... leisten	to commit perjury
meineidig werden	to perjure
(der) Meineidige	the perjurer
Meistbegünstigungsklausel	most-favoured-nation treatment
Meldung über die Ungültigkeit einer UID-Nummer (MIAS)	O-MCTL message (VIES)
Meldung, Zusammenfassende (ZM) (MIAS)	recapitulative statement, summary statement
Mengenrechnung, Mengenverprobung	input-output ratio
Merkmal	characteristic
Meßinstrument	measurement tool
Messung (Quantifizierung) der beruflichen Leistung von Bediensteten	performance measurement
MIAS (Mehrwertsteuer-Informations-Austauschsystem)	VIES (value added tax information exchange system)
Miete	lease
Mietkosten	rental charge
mildernde Umstände	extenuating circumstances

mildernde Umstände zubilligen	to allow extenuating circumstances
Milderungsgrund (Strafe)	extenuating circumstance
Mindeststrafe	minimum sentence
Mischkonzern	conglomerate (group)
Mißbrauch	abuse
mißbrauchen	to abuse
Mitarbeiter	associate
Mitentscheidung, Verfahren der	co-decision procedure
Mitglied eines Konsortiums bei Versicherungen	underwriter
Mittäter	accomplice, accessory
Mittel (arithmetisches)	(arithmetic) mean
Mittel, gelindere	considerate action
Mittel (Mittelwert), gewogenes arithmetisches	global weighted average
Mittelwert (Statistik)	mean
Mittelzuweisung	resource allocation
Mitwirkung (Pflichterfüllung)	compliance
Mitwirkungspflicht, erhöhte	increased obligation to cooperate (with the authorities)
mobile Überwachung (Beschattung)	mobile surveillance
Modewort	buzz word
Montage	assembly, installation

multinationaler Konzern	multinational enterprise group (MNE group) (OECD-Verrechnungspreise)
multinationales Unternehmen (MU)	multinational enterprise (MNE) (OECD-Verrechnungspreise)
mündliche Verhandlung	hearing
mündliche, eidliche Zeugenaussage	deposition
Muster	sample

N

Nachfolger	successor
nachgemachte Güter	counterfeit goods
nachhaltig	on a continuing basis
nachhaltige Tätigkeit (UST)	economic activity on a continuing basis
Nachlaß	estate
Nachnahme, gegen	cash on delivery
Nachtrag	rider
Nachweis	evidence
nachweisbar	provable
Namen, im eigenen . . ., aber auf fremde Rechnung handeln	to act in one's own name but on behalf of another person
nationaler Steuerfahndungsdienst (H.M. Customs and Excise)	National Investigation Service (NIS) (UK)

natürliche Person	natural person
Nebenkläger	intervener
Nebenkosten	incidental expenses
Nebenprodukt	by-product
Nebentätigkeiten, Hilfs- und ...	ancillary services
nehmen, zu den Akten	to file
Neigung (Eignung, Berufung)	vocation
Nettoeinnahmen aus der Mehrwertsteuer	net VAT revenue
neue Tatsachen (Wiederaufnahme des Verfahrens)	new subjects
nicht in den Büchern („schwarz")	off-records
nichtausgeschütteter Gewinn	retained earnings
Nichtbezahlung von Steuern	failure to pay taxes
Nichterklärung, Umsatzhinterziehung durch ...	suppression of turnover
nichtiger Vertrag	void contract
nichtkörperliche Wirtschaftsgüter, Gegenstände	intangible property
nicht öffentliches Verfahren	hearing in chambers
nicht schuldhaft	in good faith
nicht schuldig bekennen, sich	to plead not guilty

nicht steuerbarer Umsatz	non-taxable transaction
Nichtunternehmer	non-taxable person
Niederlassungsfreiheit	freedom of establishment
Norm	standard
normale Abschreibung	normal depreciation
Normalsteuersatz	standard rate
Normverbrauchsabgabe (NOVA)	tax based on standard fuel consumption of vehicles
Nötigung	coercion
Notizblock	notepad
Novelle (Gesetz)	amendment
Nullkupon-Anleihen	zero-coupon bonds
Nullsteuersatz	zero rate
nutzen	to utilize
nutzen, zu wenig	to underutilize
Nutzung	utilization
Nutzung, zu geringe	underutilization

O

obligatorisch	binding, obligatory, compulsory
Offene Handelsgesellschaft (OHG)	general partnership (US), partnership (UK)
offenkundig	manifest
offenlegen	to disclose
Offenlegung	disclosure

Offenlegungspflicht	obligation to disclose all facts relevant for taxation
Offenlegungs- und Wahrheitspflicht	obligation to disclose truthfully all facts relevant for taxation
öffentlich Bediensteter	civil servant
öffentlich-rechtliche juristische Person	public corporation (UK)
öffentlich-rechtliche Körperschaften	bodies ruled by public law
öffentliche Unternehmen	public undertakings
öffentliche Versorgung	public supplies
öffentliches Verfahren	public hearing
offizielle Buchhaltung	official bookkeeping
Ökosteuern	environmental taxes
Ordnungsstrafe	administrative fine, administrative penalty (for misbehaviour)
Ordnungswidrigkeit	summary offence
Organe (EU)	institutions
Organschaft im Sinne des Umsatzsteuergesetzes	unit for VAT purposes
Ort der Lieferung	place where the supply takes place, place where a service is supplied
Ort der steuerbaren Leistung	place, where taxable transactions are effected
der Ort des Gebrauchs	the place of utilization
örtliche Zuständigkeit	venue

P

Pacht	the lease
Paragraph (§) (eines Gesetzes)	section
Partei	party
Passiva, (Bilanz) Verbindlichkeiten	liabilities
Patentrecht	patent law
Pauschalausgleich	flat rate compensation
Pauschale	flat rate
pauschalierter Landwirt	flat rate farmer
Pauschalregelung	flat rate scheme
Pauschalsteuer	flat rate tax
Pauschalwertberichtigung	allowance method
Pensionsbeitrag	pension contribution
Personal	staff, personnel
Personalbestand	manpower
Personalgestellung	supply of staff
Personalverteilungsrichtlinien (PVR)	staff allocation guidelines, personnel allocation guidelines
Personenbeschreibung, genaue ... zum Zweck der Identifizierung	signalment (US)
Personendurchsuchung	personal search
persönliche Zustellung	personal service
persönliches oder wirtschaftliches Interesse	vested interest

Pfand	pledge
Pfandrecht	lien
Pfändung	seizure, attechment
Pfändung (Gehalt)	garnishment
Pfändungsauftrag	warrant of execution
Pflichterfüllung, Mitwirkung	compliance
Phönixgesellschaft	Phoenix company (siehe: phoenixism)
Phönixphänomen (das Wiederaufleben „gestorbener", etwa in Konkurs gegangener Unternehmen zum Zweck eines steuerlichen Mißbrauchs)	phoenixism (UK, EU)
Plankosten	standard cost
Politiken (EU)	policies
Präjudiz	precedent
praktische Berufsausbildung	training on job
Prämiensystem	incentive plan
Präsidentschaft (EU)	Presidency
Präventivhaft	preventive detention
Präzedenzfall	precedent
Preis, Kosten	charge, costs, price
Preis: Subventionen, die mit dem . . . direkt zusammenhängen	subsidies directly linked to the price
Preisangebot	quotation

Preisaufschlag	mark-up
Preisnachlaß	price discount
einem Kunden einen Preisnachlaß gewähren	to allow a price discount to a customer
Preisnachlaß, Rückvergütung	rebate
Preissenkung	mark-down, price reduction
Preistreiber	profiteer, usurer
Preisvergleichsmethode	comparable uncontrolled price method (CUP method) (OECD-Verrechnungspreise)
Primärberichtigung	primary adjustment (OECD-Verrechnungspreise)
primäre Quelle des Gemeinschaftsrechtes	primary source of Community law
Primärrecht	primary law
Prinzip der Unternehmensfortführung	going concern principle
Prinzip der wirtschaftlichen Betrachtungsweise	principle of substance over form
Prinzipal (Auftraggeber)	principal
Privileg	prerogative
Produktmarke	brand
pro Kopf	per capita
Pro-Kopf-Quote	per capita rate
Produkthaftung	product liability
Prognose	forecast
Programmentwurf	draft programme

Projektarbeit	project work
Protokoll (Sitzung, Verhandlung)	minutes, record
Provision	commission
Prozeß	litigation, trial
prozessieren	to litigate
Prüfergruppe (BP)	audit group, district (UK, Customs and Excise)
Prüffeld	audit aerea
Püfung (Kontrolle, bürgerfreundlich)	assurance (UK, Customs and Excise)
Prüfung, genaue	scrutiny
Prüfung im Amt (am Schreibtisch)	desk visiting, desk audit
Prüfung im Betrieb	audit on the premises
Prüfungsabteilung für Strafsachen	tax investigation unit
Prüfungsankündigung	announcement of a visit or an audit
Prüfungsauftrag	order, authorization to audit
Prüfungsdurchführung	conducting of an audit
Prüfungsfall	case
Prüfungsmethode	approach
Prüfungsplan	audit plan
Prüfungstechnik	auditing technique
Prüfungsvorbereitung	preparation
Punkt, strittiger	point at issue

Q

qualifizierte Mehrheit	qualified majority
Quantifizierung (Messung) der beruflichen Leistung von Bediensteten	performance measurement
Quelle	source
Quellensteuer	withholding tax
Quintessenz	gist
quittieren	to receipt
Quittung	receipt

R

Rabatt	price discount
Leistungen im Rahmen des Hoheitsbereichs erbringen	to engage in activities as public authorities
Rahmen, Rahmenbedingung	framework
Rahmenprogramm	framework programme
Rat der Europäischen Union	Council of the European Union
Ratenkauf	hire purchase
Rechnung (Faktura)	invoice
Rechnung, Einnahmen-Ausgaben	cash method of accounting
Rechnungsabgrenzung	deferral

Rechnungshof	Court of Auditors
Rechnungslegung	billing, accounting, rendering of accounts
Recht an, Beteiligung	interest in
(das) Recht auf Vorsteuerabzug besitzen	to be entitled to make deductions of input tax
Rechtfertigungsgrund	fact excluding unlawfulness, justification
Rechtsanwalt	lawyer, solicitor (Geschäftsanwalt, UK); attorney at law (US), barrister at law (UK)
Rechtsbelehrung erteilen	to direct
Rechtsfähigkeit	legal capacity
Rechtsgeschäft, Umsatz	transaction
Rechtsgrundlage(n)	legal framework
Rechtsmittel	remedy, appeal
Rechtspersönlichkeit	legal personality
Rechtsprechung	jurisdiction
Rechtsstreit	litigation
Rechtssubjekt	entity
Rechtsweg	judicial process
rechtswidrig	illegal, unlawful
Rechtswidrigkeit	illegality
rechtswirksam	valid
regeln	to govern
Registrierkasse	cash register
Registrierkassenstreifen	till rolls
reifen	to mature

Reisebüro	travel agent
Reserven, stille (durch unzulässige Bewertung)	secret reserves
Reserven, stille (durch zulässige Bewertung)	hidden reserves
Rest (Restschuld)	the balance
Restgewinnanalyse	residual analysis (OECD-Verrechnungspreise)
richterlich	judicial
richterliche Beschränkung, richterliches Verbot	restraint order (US)
Richtlinie (als EU-Rechtsakt)	directive
Richtlinien	guidelines
Richtwert	the bench-mark
Ringmappe	ring-binder
Risikoanalyse	risk analysis
Risikobewertung	risk assessment
Rücklage, gebundene	capital reserve
Rücklagen, Auflösung von	reversal of reserves, release of reserves
Rücklagen, Dotierung von	provisions to reserves, additions to reserves
Rückschein	postal reply coupon
Rückstände (Steuer)	(tax) arrears
rückstellen (Bilanz)	to provide
Rückstellung	provision
Rücktritt vom Versuch	withdrawal from attempt
Rücktrittsklausel	escape clause
Rücktrittsrecht	escape clause

(Rück-)Vergütung von Steuer	tax rebate, tax refund
Rückvergütung, Rabatt	rebate
rückwirkend	retroactive, with retroactive effect
rückwirkend besteuern	to tax retroactively
(mit) rückwirkender Kraft	retroactively, with retroactive effect
Rückzahlung (einer Schuld)	redemption

S

Sachkenntnis	expertise
Sachverhaltsermittlung	fact finding
Sachverständiger	expert
Sachverständiger, amtlich anerkannter	officially recognised expert
Sachverständiger, juristischer	legal expert
Saldo	the balance
Sammelkonto (Bank)	omnibus account (UK)
Sammelwertberichtigung	allowance method
Sanktion	sanction
Satzung (einer AG)	by-laws (siehe auch: charter)
Satzung einer Kaptitalgesellschaft	articles of association (UK)
Schachtelprivileg	affiliation privilege

Schaden	damage
Schadenersatz	damages
Schadenersatzklage	action for damages, action to recover damages
Schadenersatz erlangen, erhalten	to recover damages
Schattenwirtschaft	underground economy, black economy
Schätze, Schatzkammer	coffers (plural)
Scheck	check (US), cheque (UK)
Scheingeschäft	bogus transaction
Schenkung	donation, gift
Schenkung unter Lebenden	gift inter vivos, lifetime transfer
Schenkung von Todes wegen	donatio mortis causa
Schenkungssteuer	gift tax
Schicht (Arbeitszeit)	shift
Schieber	bootlegger
Schiedsspruch	arbitration
Schlagbaum (Zollgrenze)	turnpike, tollbar
Schlagwort	buzz word
Schleuderpreise	knockdown prices
Schlichtung	arbitration
Schlußbesprechung	closing negotiation, final negotiation
Schmiergeld	kickback, bribe
Schmiergeldzahlung	bribery
Schmuggel	bootlegging (alcohol), smuggling

schmuggeln	to bootleg (alcohol), to smuggle
Schmuggler	bootlegger (alcohol), smuggler
schnellen, in die Höhe (Preise)	to soar
Schrägstrich (rückwärts)	backslash (\)
Schrägstrich (vorwärts)	slash (/)
Schreibmappe	clip-board
Schreibwaren	stationery
schriftlicher Prüfungsauftrag	written order
schriftliche Stellungnahme	written opinion
schriftliches Verfahren	written procedure
schuldhaft	culpable
schuldig bekennen, sich	to plead guilty
schuldig sein, eines versuchten Verbrechens	to be guilty of an attempt (an attempted crime)
Schuldausschließungsgrund	fact preventing personal responsibility
Schuldner	debtor
schützen	to protect
„schwarz" (nicht in den Büchern)	off-records
Schwarzarbeit	black labour
schwebend	pending
Schwestergesellschaft	affiliate (US), affiliated company or firm
Schwindel	bogus

Schwindelfirma, Schwindelgesellschaft	bogus company, bogus firm
Schwindelgeschäft	bogus transaction
Schwindelhändler	bogus trader
Schwund	wastage, shrinkage
Sekretariatsdienste, Sekretariatsgeschäfte	secretarial services
Sektion (in einem BM)	directorate
Sektionschef (in Österreich)	Director General
Sekundärberichtigung	secondary adjustment (OECD-Verrechnungspreise)
Sekundärgeschäft	secondary transaction (OECD-Verrechnungspreise)
Sekundärrecht	secondary law
selbständig (erwerbstätig)	self-employed
selbständig (i. S. v. allein) arbeiten; als Einmanngesellschaft arbeiten	to work solo (UK)
selbständig Betriebsprüfungen durchführen	to work solo as an auditor (UK)
Selbstanzeige	self-incrimination
Selbstbemessungsabgabe	self-assessed tax
Selbstbezichtigung	self-incrimination
Sicherheit (Pfand)	pledge
Sicherheitsleistung für Steuerschulden	security for unpaid taxes
Sicherung von Beweismitteln	safeguarding of evidence, safekeeping of evidence

simultane Betriebsprüfung	simultaneous audit
Simultanbetriebsprüfungen	simultaneous tax examinations (OECD-Verrechnungspreise)
Sitz	residence
Skonto	cash discount
Solidarhaftung	joint liability
solidarisch	jointly
Sonderausgaben	allowance for special expenses
sonstige Forderungen	sundry receivables
Souveränität	sovereignty
(Verletzung der) Souveränität	infringement of sovereignty
Sozialcharta	Social Charter
Sozialversicherungsbeiträge	social security contributions
Sozialversicherungsbeiträge (UK)	National Insurance Contributions (NIC) (UK)
Sozialversicherungssteuer (lohnbezogene)	payroll tax (US)
Sparbuch	bank book, savings book
Spareinlage	savings deposit
Sparpaket, Sparprogramm (drastisches)	austerity programme (UK), . . . program (US)
Sparte	branch, line of business
Speicherkapazität (Computer)	storage capacity
speichern	to store
Spekulationsgewinn	capital gain

Spekulationsverlust	capital loss
Sperrminorität	blocking minority
Spesen	expenses
Spezialprävention	deterrence, particular prevention
Spruch(senats)verhandlung	hearing
Sorgfaltspflicht	duty of care
Sozialleistung (für Arbeitnehmer)	fringe benefit
Staat	state
Staaten, Länder und Gemeinden	states, regional and local governments
Staatsanwalt	public prosecutor
Staatsbürgerschaft	citizenship
Stabdiagramm	bar chart
standeswidriges Verhalten	professional misconduct
Ständiger Ausschuß für die Zusammenarbeit der Verwaltungsbehörden (im Bereich der indirekten Besteuerung) = SCAC	Standing Committee on Administrative Cooperation (DG XIX)
Steckbrief	warrant of apprehension, signalment (US)
Stellungnahme	opinion
(eine) Stellungnahme abgeben	to deliver an opinion
Stempelgebühren	stamp duties
Steuerakt	tax file, folder (UK)
Steueranreize	tax incentives

Steueranspruch	chargeability of tax
steuerbarer Umsatz	taxable transaction
Steuerbefreiung	(tax) exemption
Steuerbefreiung, Anspruch auf	entitlement to exemption
Steuerbegünstigung	tax relief
Steuerbegünstigung für Investitionen	investment tax credit
Steuerbelastung, Steuerlast	tax burden
Steuerberater	accountant, tax advisor, (tax) consultant
Steuerberatungsgesellschaft, -firma	accountancy firm
Steuerberechnung	tax calculation
Steuerberichtigung	tax adjustment
Steuerbescheid	assessment notice, formal notice of assessment
Steuerbetrug	tax fraud, tax scam (US)
Steuerdurchsatz (= Summe der Umsatz- und Vorsteuer eines Unternehmens)	tax throughput
Steuereinnahmen	tax revenue
Steuererhöhung	tax increase
Steuererklärung	tax return
Steuererleichterung	tax relief
Steuererstattung	tax recover, tax refund
Steuerfahnder	(tax) investigator
Steuerfahndung	tax investigation (unit)

Steuerfahndungsdienst, Leiter des nationalen ...	Chief Investigation Officer (CIO) (UK, Customs and Excise)
Steuerfahndungsdienst, stellvertretender Leiter des nationalen ...	Assistant Chief Investigation Officer (CIO) (UK, Customs and Excise)
Steuerfahndungseinheit, zentrale ... mit operationalen Aufgaben	central operational intelligence unit
Steuerfahndungsteam eines Finanzamtes	local VAT office investigation team (LVOIT) (UK, Customs and Excise)
Steuergutschrift	tax credit
Steuerhinterzieher	fraudster
Steuerhinterziehung	tax evasion
Steuerhinterziehung (als Betrug)	tax fraud
Steuerhinterziehung bekämpfen	to combat tax fraud
Steuerlandesinspektorat	Regional Tax Inspectorate
steuerliche Entlastung (bei der Ausfuhr)	remission of tax (on exportations)
steuerliche Erfassung (zur Mehrwertsteuer)	registration (for VAT) (UK)
Steuernachforderung	tax adjustment
Steuernachlaß	abatement of tax
Steuernachsicht	tax remission
Steuernummer	tax identification number, tax number
Steueroase	tax shelter, tax haven

Steuerparadies (nicht der Besteuerung im Mutterland unterliegend)	offshore location
Steuerpflicht	tax liability
Steuerpflicht, beschränkte	limited tax liability
Steuerpflicht, unbeschränkte	unlimited tax liability
steuerpflichtig	taxable, subject to tax (taxation)
Steuerpflichtiger, Steuerschuldner	taxable person, person who is liable to pay the tax
Steuerpflichtiger, Steuerzahler	tax payer
Steuerquellen, ausländische	foreign sources of income
Steuerquellen, inländische	domestic sources of income
Steuerrückstände	tax arrears, back taxes (US)
Steuer(rück)vergütung	rebate
Steuersatz, der erhöhte	increased rate
Steuersatz, der ermäßigte	reduced rate
(einen) Steuerastz auf eine Bemessungsgrundlage anwenden	to apply a tax rate on a basis of assessment
(die) Steuerschuld entsteht	the tax becomes chargeable
Steuerschulden, Einbringung von	recovery of tax debts
Steuersenkung	tax cut
Steuertatbestand	chargeable event
Steuerumgehung	tax avoidance
(britische) Steuerverwaltung für direkte Steuern	Inland Revenue (IR) (UK)

Steuervorauszahlung	payment of tax advance
Steuerwiderstand	resistence to (or against) taxation
Steuerzahler, Abgabepflichtiger	tax payer
Steuerzeitraum	tax period
Stichtag (Fälligkeitstag)	maturity date, due date, deadline
Stiftung	foundation
stille Gesellschaft	silent partnership
stille Reserven (durch unzulässige Bewertung)	secret reserves
stille Reserven (durch zulässige Bewertung)	hidden reserves
stornieren	to cancel
Stornierung, Storno	cancellation
Strafanzeige erstatten	to lodge a complaint (US), to bring/press charges (against)
Strafausmaß	sentence
Strafe mit Bewährungsfrist	suspended sentence
Strafgericht	criminal court
Strafmaßnahme	sanction
Strafmilderung	mitigation
Strafmündigkeit	age of criminal accountability
Strafrecht	criminal law
strafrechtlich verfolgen, jemanden	to take someone to court

strafrechtliche Verfolgung	criminal action
Starfsachenstelle	penal prosecution unit
Straftat, unvollendete	inchoate offence
Straftat, vollendete	substantive offence
Straftäter	offender
Straftäter, erstmaliger	first offender
Strafverfolgung	prosecution
streng	severe
strenge Bestrafung	severe punishment
Strohmann	frontman
Strohmanngesellschaft	front company
Strukturfonds	Structural Funds
stunden	to reschedule
stürzen (Preise)	to slump
Subsidiaritätsprinzip	principle of subsidiarity
Substanzverringerung	depletion
Subunternehmer (Bauwesen)	subcontractor
Subvention	subsidy
Subventionen, die mit dem Preis direkt zusammenhängen	subsidies directly linked to the price
Suggestivfrage	leading question
systematische Fallauswahl	systematic selection
Systemprüfer (für Klein- und Mittelbetriebe)	computer accounts officer (CAO) (UK, Customs and Excise)

T

Tabelle	table
Tagesdiät (für Dienstreise)	daily allowance
Tagesordnung	agenda
Tantieme	royalty
Tarngesellschaft (zur Tarnung von Betrugsdelikten)	shadow company, front company
Tatbestandsermittlung	fact finding
Tatbestandsmerkmal	constituent element
Täter	perpetrator
Tatfrage	question of fact
tätiges Unternehmen (nicht stillgelegt)	going concern
Tätigkeit, illegale	bootlegging
Tätigkeitsbericht	report of operations
die tatsächliche Übergabe von Gegenständen	the actual handing over of goods
Tausch	barter
täuschen	to deceive (civil law)
Tauschgeschäft	barter, barter transaction
Tauschhandel	barter
Täuschung	deception, forgery
Täuschungsabsicht	forgery
Techniken, die eine Überwachung oder Beschattung unmöglich machen sollen	anti-surveillance techniques

Teil, abzugsfähiger	deductable proportion
Teilhaber	associate
teilnehmen (an)	to participate (in)
Teilnehmer	participant
Telefonzentrale	switchboard
Textilbranche	rag trade (UK, Slang), sonst: textile business
thesaurierter Gewinn	retained earnings
Titelseite (FAX)	the header, cover sheet, front page
Tochtergesellschaft	affiliate (US), affiliated company
Trainingsprogramm für Finanzbeamte zur Bewußtmachung der Betrugsgefahr	fraud awareness programme
Transaktionen mit Drittländern	transactions with third countries
Transport	conveyance, transport-(ation)
Tratte, Wechsel	draft
Treffpunkt	venue, meeting-point
Treu und Glauben	loyalty and good faith
Treuhandgesellschaft	trust (company)
Truhe	coffer (sing.)

U

Überbringer	bearer
Überbrückungskredit	accommodation
(die tatsächliche) Übergabe von Gegenständen	the actual handing over of goods
Übergangssystem der Mehrwertsteuer	transitional regime of VAT
Übergangszeit	transition period
Übernahme von Versicherungen	underwriting
Übersicht (von Daten)	spreadsheet
übersteigen	to exceed
Übertragbarkeit (Recht, Anspruch)	assignability
Übertragung	assignment, disposal, transfer, conveyance
(die) Übertragung des Gesamtvermögens	the transfer of the totality of assets
überwachen	to monitor
(zu) überwachende Person (Fahndung)	target
Überwachung (Fahndung)	surveillance
Überwachung (Kontrolle)	monitoring
Überwachung der Arbeitsleistung	performance monitoring (UK)
Überwachung, mobile (Fahndung)	mobile surveillance
Überwachung zu Fuß (Fahndung)	footman surveillance

Überwachungsbeamter zu Fuß (Fahndung)	footman
Überwachungskolonne (Fahndung)	caravan
Überwachungskolonne, letzter Wagen einer (Fahndung)	tail-end Charly (UK, Slang)
UID-Büro	Central Liaison Office
(eine) UID-Nummer bestätigen	to verify a VAT identification number
umfassen	to comprise, to encompass
Umkehr der Beweislast	reversal of the burden of proof
Umlaufvermögen	current assets
Umsatz	turnover
Umsatz, Rechtsgeschäft	transaction
Umsatz, steuerbarer	taxable transaction
Umsatzhinterziehung durch Nichterklärung	suppression of turnover
Umsatzsteuer	turnover tax, VAT (i.e. Value Added Tax)
Umsatzsteuer von Verkäufen (US)	sales tax
Umsatzsteuererklärung	VAT return
Umsatzsteuerfinanzamt	(local) VAT office (UK)
Umsatzsteuernachschau	VAT audit
Umsatzsteuersonderprüfungen	special VAT audits
Umstände, erschwerende	aggravating circumstances
Umstände, mildernde	extenuating circumstances

Umstände, mildernde zubilligen	to allow extenuating circumstances
Umwelt	environment
Umweltschutz	environmental protection
Umweltsteuern	environmental taxes
Umweltverschmutzung	pollution
unabhängige Unternehmen	independent enterprises (OECD-Verrechnungspreise)
unanwendbar	inapplicable
Unanwendbarkeit	inapplicability
unbebautes Grundstück	vacant lot US), vacant site (UK)
unbeschränkte Steuerpflicht	unlimited tax liability
unbewegliches Vermögen	real estate (US)
unecht	bogus
uneinbringlich	uncollectible
uneinbringliche Forderungen	uncollectible accounts, irrevocable debts
uneinbringliche Forderungen abschreiben	to write off irrevocable debts
unentgeltlich	free of charge
unerlaubt herstellen (Alkohol)	to bootleg
ungeachtet	notwithstanding
ungerechtfertigter Vorsteuerabzug	unwarranted deductions (of input tax)
ungültig (juristisch)	void

unleserlich	illegible
Unschuldsvermutung	presumption of innocence
untauglicher Versuch	attempt doomed to failure, unfit attempt
Unterbrechung einer Frist	interruption of a term
Unterbringung	accommodation
Unterdrückung	suppression
Unterlage (für eine Buchung)	voucher
unterlassen	to omit
Unterlassung (UStG)	omission
Unterlassungsdelikt	offence by omission
unterliegen	to be governed by, to be subjected to
unterliegen, der Beschlagnahme	to be subject to distress
Unternehmen, Betrieb	concern
Unternehmen, Gegenstand des	object of business
Unternehmen im vollen Betrieb, arbeitendes Unternehmen (nicht stillgelegt)	going concern
Unternehmensleitung	management
Unternehmer der Dienstleistungen erbringt	service trader (nur UK !)
unterschreiben	to underwrite, to sign
Untersuchungsausschuß (EP)	committee of enquiry
Untersuchungshaft	custody

Untersuchungsrichter	examining judge, investigating magistrate
untervermieten	to sublet
unverhältnismäßig	disproportionate
unvollendete Straftat	inchoate offence
unzulässig	inadmissible
unzulässige Beeinflussung	undue influence
Unzulässigkeit	inadmissibility
unzurechnungsfähig	irresponsible
Unzurechnungsfähigkeit	irresponsibility
Urkunde	document, legal document
Urkundenbeweis	documentary evidence, documentary proof
Urkundenfälschung	forgery
Urteil (Gericht)	verdict, decision
UVA (Umsatzsteuervoranmeldung)	predeclaration
UVA-Prüfungen	inspections of predeclarations

V

Verabredung	appointment
Verabredungs- und Verdunkelungsgefahr	collusion
verabschieden (Tagesordnung)	to adopt (an agenda)
verarbeiten (Daten)	to process data

verarbeitende Tätigkeit	processing activity
verbessern	to enhance, to improve
verbindlich	binding, obligatory, compulsory
Verbindlichkeiten, (Bilanz-)Passiva	liabilities
Verbot, richterliches	restraint order (US)
Verbrauchsteuer	excise duty
verbreiten	to disseminate
Verbreitung	dissemination
verbundene Unternehmen	associated enterprises or companies (OECD-Verrechnungspreise)
Verdächtigter	suspect
verdeckt	covert
verdeckte Beobachtung	covert invigilation
Vereidigung	the swearing-in
vereinfachte Methoden zur Berechnung der Umsatzsteuer bei Einzelhändlern	retail schemes (nur UK !)
vereinfachtes Verfahren	simplified procedure
Vereinnahmung (zum Zeitpunkt der)	on receipt of payment
Verfahren	procedure
Verfahren der Anhörung	consultation procedure
Verfahren der Mitentscheidung	co-decision procedure
Verfahren der Zusammenarbeit	cooperation procedure

Verfahren, nicht öffentliches	hearing in chambers
Verfahren, öffentliches	public hearing
Verfahren, vereinfachtes	simplified procedure
Verfahren, Wiederaufnahme des . . .	resumption of proceedings, reopening of a case
Verfahren, Wiederaufnahme (bei Gericht)	revision of a judgement
(ein) Verfahren wiederaufnehmen	to reopen a case, to resume proceedings
Verfahrensrecht	procedural law, adjective law
Verfahrensvorschriften	procedural requirements
Verfassungsgerichtshof	Supreme Constitutional Court
(jemanden strafrechtlich) verfolgen	to take someone to court
Verfolgung, strafrechtliche	criminal action
Verfolgungshandlung	investigative activity
verfügen	to decree
Verfügung (interne Verwaltungsanordnung)	decree
Verfügung, einstweilige	court order, injunction, restraint order (US)
Vergabe von Mitteln	allocation of resources
Vergehen	misdemeanor (US), misdemeanour (UK)
Vergeltungsmaßnahme	retaliatory measure
Vergleich (mit Gläubigern)	composition
Vergleichbarkeitsanalyse	comparability analysis (OECD-Verrechnungspreise)

Vergleichswert	benchmark
Verhalten	conduct
Verhalten, standeswidriges	professional misconduct
Verhaltensregel	code of behaviour (UK), behavior (US)
Verhältnismäßigkeitsprinzip	principle of adequacy
verhandeln	to negotiate
Verhandlung	negotiation
Verhandlung, mündliche	hearing
Verhandlungsposition	bargaining position
Verheimlichung	suppression
Verhinderung	prevention
Verhör	interview, examination
Verhütung	prevention
verjähren, in sechs Monaten	to become barred by limitation after six months
verjährter Anspruch	claim barred by limitation, statutes of limitation
Verjährung	limitation, prescription
Verjährungsfrist	limitation period, period of prescription
Verkäufer	seller, vendor
Verkaufssteuer (US; in jedem Bundesstaat unterschiedlich geregelt)	sales tax
Verknüpfung, computergestützte . . . von Daten und Informationen	computer-based analysis (UK, investigation)

Verlassenschaft	estate
Verleiher	lender
verletzen (eine Regel)	to breach, to violate (a rule)
Verletzung (einer Regel)	breach, infringement, violation (of a rule)
Verletzung der Souveränität	infringement of sovereignity
Verletzung von Vertragsbestimmungen	breach of treaty obligations
Verlust	deficit, loss(es)
Verlustvortrag	loss carried forward
vermieten	to let (UK), to rent (US)
verminderte Zurechnungsfähigkeit	diminished responsibility
Vermittlung (Telefon)	switchboard
Vermögen, unbewegliches	real estate (US)
Vermögensteuer	property tax
Vermögenswert	asset
Verordnung (als EU-Rechtsakt)	regulation
Verordnung der Kommission	Commission Regulation
Verordnung des Rates	Council Regulation
Verpackungskosten	packing costs
verpfänden	to pledge
(die) Verpflichtung, eine Handlung zu unterlassen oder einen Zustand zu dulden	the obligation to refrain from an act or to tolerate a situation

verrechnen mit	to set off against
Verrechnung	clearing
Versand	consignment
verschieben	to defer
verschieben, Zahlungen	to defer payment
Verschiedenes	miscellaneous
verschlimmern	to aggravate
versenden, absenden	to dispatch, to consign
Versendung	dispatchment, consignment
versichern	to insure, to underwrite
Versicherungssteuer	insurance premium tax (UK)
verspätete Abgabe von Erklärungen	late filing of returns
Verspätungszuschlag	late charge
Verständigungsverfahren (DBA)	mutual agreement procedure
versteuern	to tax
(zu) versteuerndes Einkommen	taxable income
Versuch	attempt
Versuch, Rücktritt vom	withdrawal from attempt
Versuch, untauglicher	attempt doomed to failure, unfit attempt
versuchte Steuerhinterziehung	attempted tax fraud
Vertrag	contract
(einen) Vertrag erfüllen	to fulfill a contract
Vertrag über die Europäische Union	Treaty on European Union

Verträge von Rom	Rome Treaties
vertragliche Haftung	contractual liability
Vertragsbedingungen	terms of contract
Vertragserfüllung	performance of a contract, fulfilment of a contract
Vertragspartei	party
Vertragspartner, als wirtschaftlich unabhängiger ...	at arm's length
vertraulich	confidential
Vertreter	representative, agent
Vertretung, gesetzliche	legal representation
vertretungsberechtigt	authorized to represent
verurteilen, jemanden (auf Bewährung)	to sentence somebody (on probation)
Verurteilung (gerichtlich)	conviction, sentencing, verdict
Verwaltung	administration
Verwaltungsgerichtshof	Supreme Administrative Court
Verwaltungsstrafverfahren	administrative penal procedure
Verwaltungsvorschrift	administrative regulation
verwenden	to utilize
verwenden, zu wenig	to underutilize
Verwendung	utilization
Verwendung, zu geringe	underutilization
verwerfen	to reject
Verwertungsverbot	evidence not allowable in court

Verzicht	waiver
verzichten auf (einen Anspruch)	to waive (a claim)
Verzichtserklärung	waiver
Verzug	delay, default
(in) Verzug sein	to be in default
vier Grundfreiheiten	Four Freedoms
Völkerrecht	public international law
völkerrechtliche Verträge	international agreements
Volksabstimmung	referendum
Volksanwalt	Ombudsman
vollendete Straftat	substantive offence
Vollmacht	authority
Vollstreckung (von Abgaben)	enforcement, bürgerfreundlich: debt management (UK)
Vollstreckung der Steuerschuld	enforcement of payable taxes
Vollstreckung eines Gerichtsurteiles	enforcement of a judgement
Vollstreckungsfall	enforcement case
Vollstreckungsstelle	debt management unit (bürgerfreundlich, UK, Customs and Excise)
Vorabentscheidung (EuGH)	preliminary ruling
Vorabvereinbarung über die Verrechnungspreisgestaltung	advance pricing arrangement – APA (OECD-Verrechnungspreise)
Vorauszahlungen	advance payments

vorbereitende Maßnahmen	preparatory steps
(Prüfungs-)Vorbereitung	preparation
vorbestraft sein	to have a criminal record, to have previous convictions
vorbringen	to plead
Vorbringen	allegation, assertion
Vorerhebung	preliminary investigation
Vorgabe	objective
Vorhersage	forecast
(jemanden wiedereinsetzen in den) vorigen Stand	(to restore somebody to his) original legal position
(Wiedereinsetzung in den) vorigen Stand	restoration of one's original position, reestablishment of rights, reinstatement in the status quo ante
Vorkalkulation	preliminary calculation
Vorkaufsrecht	pre-emptive right
vorladen	to subpoena (unter Strafandrohung), to summon
Vorladung	the subpoena, summons
vorläufige Abgabenerklärung	provisional tax return
vorlegen, jemandem etwas	to submit something to somebody
Vorsatz	intent, intention
Vorsatz (dolus directus)	direct intent
Vorsatz (dolus eventualis)	eventual intent
vorsätzlich	wilful, intentional, with intent
vorsätzliches Fehlverhalten	wilful misconduct

Vorsitz	chair
(den) Vorsitz führen, bei einer Sitzung	to chair a meeting
vorsitzen	to chair
Vorsitzender/Vorsitzende	chairman, chairperson
vorsorgliche Maßnahmen	precautionary measures
Vorspiegelung falscher Tatsachen	false pretences
Vorstand eines Finanzamtes	head of a local tax office
Vorsteuer	input tax
vor Steuern	pretax, bevor taxes
Vorsteuerabzug	deduction (of input tax)
vorsteuerabzugsberechtigt sein	to be entitled to make deductions of input tax
Vorsteuerberichtigung	adjustment of input tax
Vorsteuerbetrug	input tax fraud
Vorsteuerschwindel	input tax fraud
Vorstrafe	criminal record, previous conviction
Vorstrafenregister	criminal record
Vorteilsausgleichsvereinbarung	intentional set-off (OECD-Verrechnungspreise)
vortragen (z. B. Verlust)	to carry forward
vorübergehend festnehmen (jemanden)	to detain (somebody)
Voruntersuchung	preliminary hearings
Vorvertrag	preliminary agreement
vorzeitige Abschreibung	accelerated allowance or depreciation
vorzeitige Fälligkeit (einer Schuld)	acceleration (of an obligation)

W

Wachstum	growth
wählbar	eligible
Wahlmöglichkeit (Wahlrecht)	option
Wahlsystem	electoral system
Wahrheits- und Offenlegungspflicht	the obligation to disclose truthfully all facts relevant for taxation
Währung	currency
Währungseinheit, Europäische	European Currency Unit (ECU)
Währungssystem, Europäisches	European Monetary System (EMS)
Waren mit Beschlag belegen	to distrain on goods
Warenausgangsbuch	sales journal
Warenmuster	sample
Warenverkehr, freier	free movements of goods
Wechsel, Tratte	draft
Wechselkurs	exchange rate
weiterleiten	to pass on, to forward, to refer to
Wendepunkt zwischen der Verlust- und Gewinnzone (einer Transaktion)	break-even point
(alles, was den) Wert der Gegenleistung (bildet)	everything which constitutes the consideration

Wertberichtigung	provision
Wertminderung	capital loss
Wertpapierbörse	stock exchange
Wertsteigerung, Wertzuwachs	capital gain
Wertung	evaluation
Westeuropäische Union (WEU)	Western European Union (WEU)
Wettbewerb	competition
wettbewerbsfähig	competitive
Wettbewerbsneutralität	fair competition
Wettbewerbspolitik	competition policy
widerlegen (eine Behauptung)	to refute (an assertion)
Widerruf	cancellation
widerrufen	to revoke, to cancel, to withdraw
(das) Wiederaufleben „gestorbener", etwa in Konkurs gegangener Unternehmen zum Zweck eines steuerlichen Mißbrauchs	phoenixism (UK)
Wiederaufnahme	resumption
Wiederaufnahme des Verfahrens	resumption of proceedings, reopening of a case
Wiederaufnahme des Verfahrens (bei Gericht)	revision of a judgement
wiederaufnehmen	to resume
wiederaufnehmen, das Verfahren	to reopen a case, to resume proceedings

wiederaufnehmen, Zahlungen	to resume payments
wiederbeschaffen	to replace
Wiederbeschaffung	replacement
Wiederbeschaffungskosten	replacement costs
wiedereinsetzen, jemanden in den vorigen Stand	to restore somebody to his original legal position
Wiedereinsetzung	restoration, reinstatement
Wiedereinsetzung in den vorigen Stand	restitution in integrum, restoration of one's original position, reestablishment of rights, reinstatement in the status quo ante
wiederherstellen (den ursprünglichen Zustand)	to restore (the original condition)
Wiederherstellung (des ursprünglichen Zustandes)	restoration, reestablishment (of the original condition)
Wiederverkaufspreis	reselling price
Wiederverkaufspreismarge (Handelsspanne)	resale price margin (OECD-Verrechnungspreise)
Wiederverkaufspreismethode	resale price method (OECD-Verrechnungspreise)
willkürlich	arbitrary
Wirkungskreis, -bereich	scope
wirtschaftliches oder persönliches Interesse	vested interest
Wirtschafts- und Sozialausschuß (WSA)	Economic and Social Committee (ESC, ECOSOC)

Wirtschafts- und Währungsunion	Economic and Monetary Union (EMU)
Wirtschaftsverbrechen	white collar crime
wissentlich	knowing/knowingly
wohlerworbene Rechte	vested benefits
Wohnsitz	domicile, residence
(jemandem) das Wort erteilen	to give the floor to somebody
wörtliche Auslegung	literal interpretation
Wucher	usury
Wucherer	usurer, profiteer
würdigen	to evaluate
Würdigung	assessment, evaluation
Würdigung einer Arbeitsleistung	performance assessment

X

x-beliebig	any, any (old) (umgangssprachlich)
(zu) x-beliebiger Zeit	(at) any (old) time (umgangssprachlich)

Y

Ytongblock, Ytongstein	breeze block

Z

Zahlungen aufschieben	to defer payment
Zahlungen wiederaufnehmen	to resume payment
Zahlungsbilanz	balance of payment
zahlungsunfähig	insolvent
Zahlungsunfähigkeit	insolvency
Zeichen (= Buchstabe, Ziffer oder Satzeichen)	character
Zeitablauf	expiration of time
zentrale Steuerfahndungseinheit mit operationalen Aufgaben	central operational intelligence unit
Zeuge	witness
Zeugenaussage, eidliche, mündliche	deposition
Zeugenladung	summons
Zeugen einvernehmen	to hear witnesses
Zerobonds	zero-coupon bonds
Ziel	objective
Zielerreichung	achievement of objectives
Zinssatz	interest rate
Zivilrecht	private law
Zoll	customs
Zollanschlußgebiet	customs enclave
Zollausschlußgebiet	customs exclave
Zolltarif, Gemeinsamer	Common Customs Tariff (CCT)

Zollunion	Customs Union
Zoll- und Verbrauchsteuerverwaltung Ihrer Majestät (UK)	H. M. Customs and Excise
Zoll(verwaltung)	prevention (UK, Customs and Excise, bürgerfreundlich)
zubilligen, mildernde Umstände	to allow extenuating circumstances
Zufallsauswahl	random selection
Zufallsstichprobe	random sample
zufließen	to accrue
Zuflucht	resort
zugänglich machen, Informationen	to share information
Zugriff auf Informationen	access to information
zu Handen	(for the) attention of
zulässig	admissible
Zulässigkeit	admissibility
zum Beispiel	e. g. (exempli gratia), gesprochen: for instance, for example
zum Zeitpunkt der Vereinnahmung	on receipt of payment
Zurechnungsfähigkeit	responsibility
Zurechnungsfähigkeit, verminderte	diminished responsibility
zurückgelegte, nach Maßgabe der . . . Beförderungsstrecke	with regard to the distances covered

zurückstellen	to defer
zur Zeit	pro tem, for the time being
Zusammenarbeit in den Bereichen Justiz und Inneres	Cooperation on Justice and Home Affairs
Zusammenarbeit, Verfahren der	cooperation procedure
Zusammenfassende Meldung (ZM)	recapitulative statement, summary statement, quarterly statement
Zusatz	rider
zusätzlich	supplementary
Zustand, die Verpflichtung, eine Handlung zu unterlassen oder einen . . . zu dulden	obligation to refrain from an act or to tolerate a situation
(Wiederherstellung des ursprünglichen) Zustandes	restoration of the original condition
zuständig	competent, appropriate
zuständiges Finantamt	competent tax office
Zuständigkeit	competence
Zuständigkeitsbestimmungen	rules concerning jurisdiction
zustellen	to deliver, förmlich: to serve
Zustellung	delivery, förmlich: service
Zustellung durch Hinterlegung	service by deposit
Zustellung, persönliche	personal service

Zustellungsbevollmächtigter	person authorized to accept service, authorized recipient
Zustellungsnachweis	proof of service
Zuteilung, Zuweisung von Mitteln	allocation of resources
Zutritt zu Gebäuden und Grundstücken (Nachschau)	access to buildings and sites
(unter) Zwang	(under) coercion
Zwangs-...	compulsory
Zwangsmaßnahme	coercive measure, compulsory measure
Zwangsmaßnahmen ergreifen	to use coercive measures
Zwangsstrafe	coercive penalty (to enforce certain acts or omissions)
zwangsverwalten	to sequestrate
Zwangsverwaltung	sequestration
zweifelhafte Forderungen	doubtful accounts receivable, bad debts
Zweigstelle	branch, affiliate (US)
zwingend	compulsory
zwingendes Recht	mandatory law, binding law
zwischenstaatliche Amtshilfe	mutual assistance
Zwischensumme	subtotal